왜 0등은 없을까?

교과서 개념 잡는 **20가지** 수학 이야기

교과서 개념 잡는 20가지 수학 이야기

왜 0등은 없을까?

ⓒ 글 우리누리 그림 박재현, 2010

1판 1쇄 발행 2010년 11월 15일 | **1판 6쇄 발행** 2018년 7월 25일

글 이영민 | **그림** 박재현
펴낸이 권준구 | **펴낸곳** (주)지학사
본부장 황홍규 | **편집장** 박미영 | **팀장** 김은영 | **편집** 문지연 전해인 김솔지
디자인 이혜리 | **제작** 김현정 이진형 강석준 | **마케팅** 송성만 손정빈 윤솔옥
등록 2010년 1월 29일(제313-2010-24호) | **주소** 서울시 마포구 신촌로6길 5
전화 02.330.5297 | **팩스** 02.3141.4488 | **이메일** arbolbooks@naver.com
ISBN 978-89-94700-00-7 74800

잘못된 책은 구입하신 곳에서 바꿔 드립니다.

이 도서의 국립중앙도서관 출판시도서목록(CIP)은 서지정보유통지원시스템 홈페이지(http://seoji.nl.go.kr)와
국가자료공동목록시스템(http://www.nl.go.kr/kolisnet)에서 이용하실 수 있습니다.(CIP제어번호: CIP2015007151)

 제조국 대한민국　**사용연령** 8세 이상
KC마크는 이 제품이 공통안전기준에 적합하였음을 의미합니다.

지학사아르볼　아르볼은 '나무'를 뜻하는 스페인어. 어린이들의 마음에
담긴 씨앗을 알찬 열매로 맺게 하는 나무가 되겠습니다.
홈페이지 www.jihak.co.kr/arb/book | **포스트** post.naver.com/arbolbooks

왜 0등은 없을까?

교과서 개념 잡는 20가지 수학 이야기

글 이영민 그림 박재현

지학사아르볼

차례

1 숫자가 사라진 세상 6
2 아라비아 숫자의 비밀 14
3 왜 0등은 없을까? 22
4 세상에서 가장 큰 수는 뭘까? 30
5 내 짝은 누구일까? 38
6 빵 장수 브레드의 착각 46
7 내가 더 부자! 54
8 선생님을 깜짝 놀라게 한 덧셈 62
9 구구단은 싫어! 70
10 엄청난 밀알 한 톨 78
11 놀이동산에서 생긴 일 86

12 사이좋은 세쌍둥이의 비결　94

13 세상에서 가장 오래된 수학 문제　102

14 기호만 봐도 머리가 아파요　110

15 살아남기 위한 매미의 수학 계산　118

16 신이 내린 완벽한 수　126

17 영원히 변하지 않는 것을 찾아라!　134

18 음료수의 양을 비교하려면?　142

19 시계를 보는 건 너무 어려워!　150

20 달력은 나일 강과 이집트 문명의 선물?　158

1 숫자가 사라진 세상

훈이는 수학 공부를 하다가 갑자기 이런 생각이 들었어요.

'숫자가 없는 세상에 살면 얼마나 좋을까? 그러면 수학 공부를 하지 않아도 될 텐데…….'

훈이는 국어도, 영어도 모두 재미있지만 수학만은 자신이 없거든요. 그 순간 이상한 일이 일어났어요. 수학책의 숫자들이 어디론가 사라져 버리는 거예요. 깜짝 놀라 주위를 둘러보니 시계의 숫자도, 달력의 날짜도 모두 사라졌어요.

'야호, 신난다. 내 소원이 이루어졌어. 이제 수학 공부를 하지 않아도 돼!'

훈이는 이 소식을 민주에게 알려 주려고 휴대 전화를 열었어요. 그런데 이게 웬일일까요? 휴대 전화의 화면에도, 번호판에도 숫자가 보이지 않았어요.

'아차, 숫자들이 사라졌지. 직접 찾아가야겠다.'

훈이는 집을 나왔어요. 숫자가 없으니까 엘리베이터 문이 열릴 때마다 밖을 확인해야 했어요. 훈이는 저 멀리 수위 아저씨가 계신 곳을 보고서야 1층에 도착했다는 걸 알 수 있었지요. 밖으로 나온 훈이는 205동 민주네 집을 찾을 수가 없었어요. 숫자가 사라져 버린 아파트 건물은 모두 비슷해 보였어요.

훈이는 할 수 없이 민주네 가는 것을 포기했어요. 그러고는 목이 말라 슈퍼마켓에 갔어요.

"아주머니, 오렌지 주스 주세요."

하지만 숫자가 쓰여 있지 않은 돈으로는 얼마를 내야 할지, 얼마를 거슬러 받아야 할지 알 수가 없었어요. 훈이는 점점 화가 났어요.

'이게 뭐야! 모든 게 엉망진창이잖아.'

훈이는 다시 집으로 올라가려고 엘리베이터를 탔어요. 엘리베이터에 층수를 표시하는 숫자가 없으니 어디서 내려야 할지 알 수가 없었지요. 할 수 없이 계단을 한 층 한 층 세며 걸어 올라갔어요.

"엄마, 어떻게 해요? 저 때문에 세상이 온통 뒤죽박죽되어 버렸어요."

"훈아, 그만 일어나렴. 우리 훈이가 힘들었던 모양이구나."

엄마의 목소리에 훈이는 눈을 떴어요. 수학 공부를 하다가 깜박 잠이 들었던 거예요. 훈이의 꿈 이야기를 들은 엄마는 웃으며 말했어요.

"사람들이 수라는 개념을 생각해 내고 사용하기까지는 수천 년의 시간이 걸렸단다. 연필 한 자루와 사과 한 개를 똑같이 '1'로 나타낼 수 있

다는 걸 알아낸 건 인류에게 있어서 아주 큰 발견이었지. '하나, 둘, 셋, ……'과 같은 수의 개념과 숫자를 사용한 것은 편하기 위해서였어. 어려운 문제를 만들어 학생들을 괴롭히기 위해서가 아니란다."

훈이가 웃으며 대답했어요.

"이제 조금 알겠어요. 꿈속에서 숫자가 없으니까 정말 불편하더라고요. 아무것도 셀 수 없고, 날짜와 시간도 알 수 없고요. 도대체 숫자가 없던 시절에는 어떻게 살았을까요?"

"수의 개념이 없을 때에 하나, 둘까지는 눈으로 쉽게 구분할 수 있었어. 그보다 많아지면 그냥 '많다'고 생각했지. 하지만 점차 더 많은 수를 세어야 할 필요성이 생겼어. 그런데 숫자가 없으니까 다른 방법을 이용했단다. 예를 들어 들판에 풀어 놓았던 양 떼가 모두 돌아왔는지 알려면 돌멩이가 필요했지."

"돌멩이요?"

"궁금하면 네가 먹은 빵의 수를 바둑알로 세어 보렴."

훈이는 엄마의 말을 알아들을 수가 없었어요. 양을 세는 데 왜 돌멩이가 필요했을까요? 훈이는 숫자와 돌멩이의 비밀을 알아내기 위해 빵과 바둑알을 앞에 놓고 생각에 잠겼어요.

양을 세는 데 왜 돌맹이가 필요했을까요?

수의 개념이 없었던 원시인들은 큰 수를 셀 수가 없었어요. 그래서 다른 물건을 이용해 수를 셌어요. 예를 들어 아침에 양이 한 마리씩 들판으로 나갈 때마다 돌멩이를 하나씩 줍는 거예요. 그럼 양이 나간 수만큼의 돌멩이가 모여 있겠지요? 그리고 양이 한 마리씩 돌아올 때마다 그 돌멩이를 다른 쪽으로 옮기는 거예요. 돌멩이가 모두 옮겨졌다면 양이 다 돌아온 것이고, 돌멩이가 모두 옮겨지지 않고 남아 있다면 돌아오지 않은 양을 찾으러 얼른 나가야겠지요?

훈이도 이와 똑같은 방법으로 바둑알을 이용해서 빵을 셀 수 있어요. 먼저 훈이가 가지고 있는 빵 하나에 바둑알을 하나씩 짝을 지어 주는 거예요. 그럼 빵의 개수만큼 바둑알을 가지게 돼요.

만약 훈이가 배가 고파서 빵을 모두 먹어 버렸을 때에 엄마가 빵을 몇 개나 먹었는지 물어보셔도 걱정 없겠지요? 없어져 버린 빵 대신 바둑알을 세어 보면 되니까요.

숫자가 나오기 전까지 사람들은 이렇게 돌멩이나 작은 물건, 또는 손가락, 발가락과 같은 신체를 이용해 물건과 짝을 지어 수를 세었어요.

이만큼 먹었어요

몸으로 숫자를 대신했다고요?

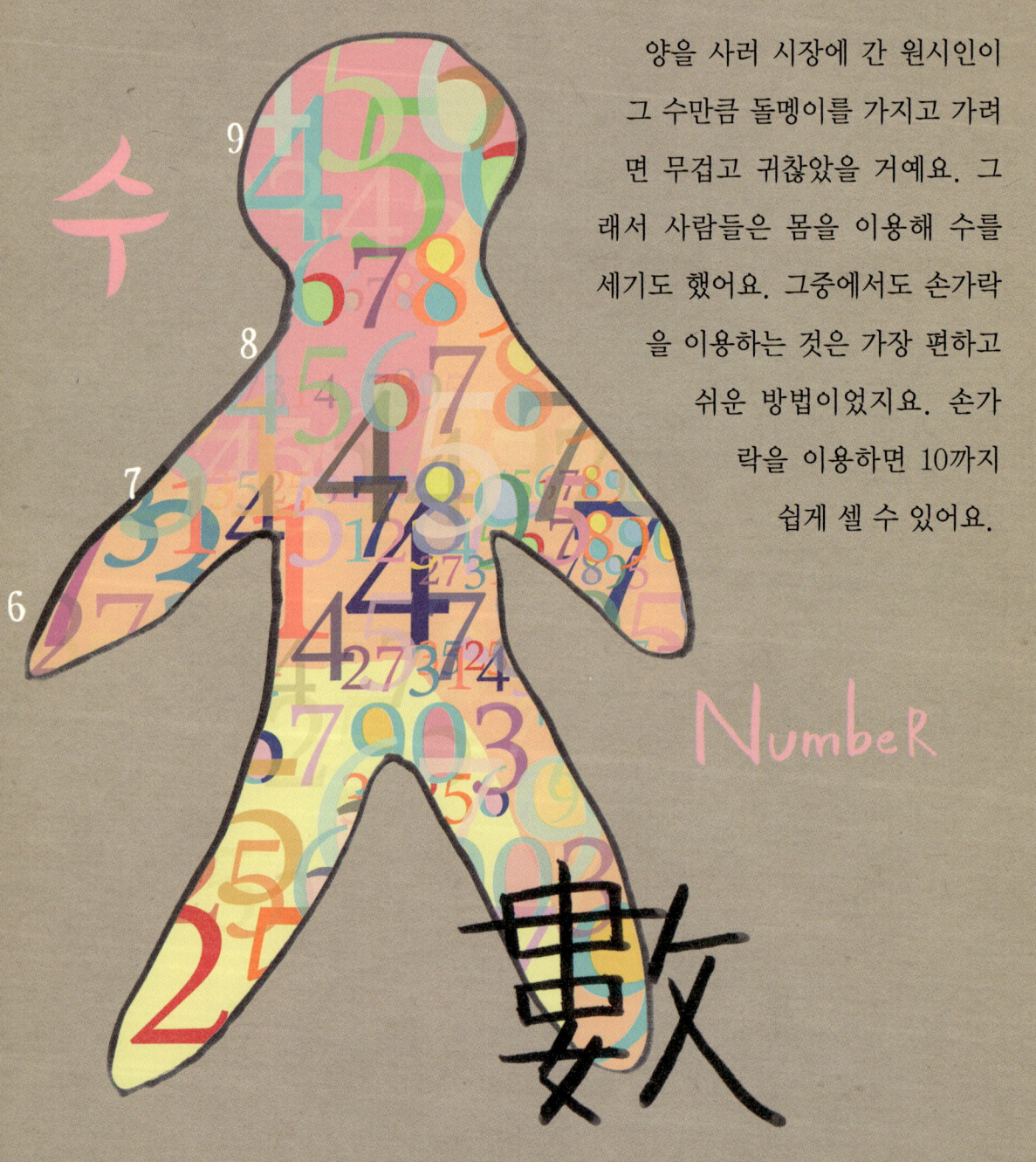

양을 사러 시장에 간 원시인이 그 수만큼 돌멩이를 가지고 가려면 무겁고 귀찮았을 거예요. 그래서 사람들은 몸을 이용해 수를 세기도 했어요. 그중에서도 손가락을 이용하는 것은 가장 편하고 쉬운 방법이었지요. 손가락을 이용하면 10까지 쉽게 셀 수 있어요.

옛날 이누잇족은 발가락까지 합해 20까지 수를 세었어요. 좀 더 많은 수를 셀 때에는 여러 사람이 모여 함께 수를 세기도 했지요.

많은 수를 몸으로 나타내기 위해 몸의 각 부분을 이용하기도 했어요. 파푸아뉴기니 사람들은 오른손 새끼손가락부터 하나씩 짚어 나가 손가락을 모두 센 후 오른쪽 손목은 6, 오른쪽 팔꿈치는 7, 오른쪽 어깨는 8, 오른쪽 귀는 9, 오른쪽 눈은 10, 코는 11, 입은 12로 정했어요. 이런 방법으로 왼발 새끼발가락까지 수를 정해 41까지 셀 수 있어요.

오랜 세월 수를 세다 보니 사람들은 가축 두 마리가 있을 때에는 손가락 두 개를 펼쳐 숫자를 나타낼 수 있다는 것을 깨달았어요. 이것이 바로 인류가 '수'의 개념을 갖게 된 시작점이지요.

2 아라비아 숫자의 비밀

민지는 요즘 한자 공부에 푹 빠졌어요. 한자는 좀 어렵긴 하지만 꼬불꼬불 글자를 따라 쓰는 게 재미있거든요. 일(一), 이(二), 삼(三), 사(四) 등 수를 나타내는 한자를 공부하던 민지가 갑자기 아빠에게 달려갔어요.
"아빠, 왜 한자에서는 1, 2, 3, 4 같은 숫자를 쓰지 않고 다르게 써요?"
아빠는 민지가 묻는 말에 언제나 잘 대답해 주는 척척박사예요.
"그건 중국 사람들이 옛날부터 사용하던 숫자야. 지금은 대부분의 나라가 '1, 2, 3, 4, 5'와 같은 아라비아 숫자를 쓰지만 옛날에는 나라마다 사용하는 숫자들이 달랐단다."

"어떤 숫자들이 있었는데요?"
늘 그렇듯이 민지의 질문은 꼬리에 꼬리를 물어요.
"그럼 숫자가 생겨나기 시작한 때로 거슬러 올라가 볼까? 수를 나타낼 때에 물건이나 신체를 이용하던 사람들은 좀 더 편하게 수를 나타낼 수 있는 방법을 찾기 시작했어. 그중에서 가장 먼저 숫자를 만들어 썼던 사람들은 바로 고대 문명이 발달했던 메소포타미아의 바빌로니아 사람들이야."
아빠는 이상한 작은 v자 모양의 표시를 잔뜩 그려 보여 주었어요.
"이게 바로 바빌로니아 사람들이 쓰던 숫자란다. 진흙 위에 갈대나 금속으로 새겨 썼기 때문에 문자의 선이 쐐기 모양으로 보여서 '쐐기 문자'라고 불렀어. 이후에도 고대 문명이 발달한 나라들은 각각 자기들만의 고유한 숫자를 만들어 쓰기 시작했지."

아빠는 민지에게 옛날에 사용하던 각 나라의 숫자를 보여 주었어요.

	1	2	3	4	5	6	7	8	9	10	100
중국 숫자	一	二	三	四	五	六	七	八	九	十	百
로마 숫자	I	II	III	IV	V	VI	VII	VIII	IX	X	C
고대 그리스 숫자	I	II	III	IIII	Γ	ΓI	ΓII	ΓIII	ΓIIII	Δ	H
고대 이집트 숫자	I	II	III	IIII	III II	III III	IIII III	IIII IIII	IIIII IIII	∩	ҕ

"한자로 된 숫자도 바로 고대 문명이 발달한 중국에서 아주 오래전부터 사용하던 숫자란다."

민지는 서로 다르게 생긴 옛날 숫자들이 신기한지 자꾸만 들여다보았어요.

"각 나라에서 사용하는 글자가 다른 것처럼 숫자도 다르게 사용한 거네요. 그런데 지금은 왜 대부분의 나라에서 아라비아 숫자를 쓰고 있어요?"

"그건 다른 숫자에 비해 아라비아 숫자가 사용하기 편리했기 때문이야. 예를 들어 바빌로니아의 쐐기 숫자는 일일이 수만큼 그려 넣어야 하니까 164와 같이 조금만 큰 숫자를 나타내려면 꽤 복잡해져. 하지만 아라비아 숫자는 1~9까지의 숫자와 0만 있으면 큰 수도 간단하게 표시할 수 있지. 아라비아 숫자의 발명 덕분에 덧셈, 뺄셈, 곱셈, 나눗셈을 비롯해 여러 가지 복잡한 계산도 쉽게 할 수 있게 되었어.

아라비아 숫자는 여러 나라에 빠르게 퍼져 나갔어. 나라마다 다른 숫자를 사용하면 서로 물건을 사고 팔 때에도 불편하겠지? 사람들은 숫자가 같으면 편리할 거라고 생각했어. 그래서 가장 많은 나라가 사용하고, 계산하기에 편리했던 아라비아 숫자가 인정을 받아 널리 쓰이게 된 거란다."

민지는 아무 생각 없이 배웠던 숫자에 이렇게 깊은 역사가 숨어 있다는 사실을 알고 깜짝 놀랐어요.

"그런데 정작 아라비아 사람들은 아라비아 숫자를 쓰지 않는다는 걸 알고 있니?"

이건 또 무슨 말일까요? 전 세계 사람들이 편리함을 인정해서 사용하는 아라비아 숫자를 아라비아 사람들은 쓰지 않는다니……. 민지는 아빠의 말에 그만 머릿속이 복잡해졌어요.

아라비아 숫자에는 또 어떤 비밀이 숨어 있는 걸까요?

아라비아 사람들이
아라비아 숫자를 만든 게 아니라고요?

아라비아 숫자는 인도에서 발명된 숫자예요. 인도 사람들은 기원전 2세기 무렵에 이미 1에서 9까지 수를 나타내는 기호를 만들었어요. 이 9개의 숫자는 약 천 년이라는 오랜 세월에 걸쳐 오늘날과 같은 모습이 되었어요. 그리고 마지막 숫자 0이 만들어지면서 10개의 숫자가 완성되었지요.

그런데 왜 인도에서 만들어진 숫자를 '아라비아 숫자'라고 할까요? 아라비아 사람들이 이 숫자를 널리 알렸기 때문이에요. 옛날 아라비아 사람들은 여러 나라를 상대로 무역을 많이 했어요. 아시아의 물건을 유럽

하니까 164와 같이 조금만 큰 숫자를 나타내려면 꽤 복잡해져. 하지만 아라비아 숫자는 1~9까지의 숫자와 0만 있으면 큰 수도 간단하게 표시할 수 있지. 아라비아 숫자의 발명 덕분에 덧셈, 뺄셈, 곱셈, 나눗셈을 비롯해 여러 가지 복잡한 계산도 쉽게 할 수 있게 되었어.

아라비아 숫자는 여러 나라에 빠르게 퍼져 나갔어. 나라마다 다른 숫자를 사용하면 서로 물건을 사고 팔 때에도 불편하겠지? 사람들은 숫자가 같으면 편리할 거라고 생각했어. 그래서 가장 많은 나라가 사용하고, 계산하기에 편리했던 아라비아 숫자가 인정을 받아 널리 쓰이게 된 거란다."

민지는 아무 생각 없이 배웠던 숫자에 이렇게 깊은 역사가 숨어 있다는 사실을 알고 깜짝 놀랐어요.

"그런데 정작 아라비아 사람들은 아라비아 숫자를 쓰지 않는다는 걸 알고 있니?"

이건 또 무슨 말일까요? 전 세계 사람들이 편리함을 인정해서 사용하는 아라비아 숫자를 아라비아 사람들은 쓰지 않는다니……. 민지는 아빠의 말에 그만 머릿속이 복잡해졌어요.

아라비아 숫자에는 또 어떤 비밀이 숨어 있는 걸까요?

아라비아 사람들이
아라비아 숫자를 만든 게 아니라고요?

　아라비아 숫자는 인도에서 발명된 숫자예요. 인도 사람들은 기원전 2세기 무렵에 이미 1에서 9까지 수를 나타내는 기호를 만들었어요. 이 9개의 숫자는 약 천 년이라는 오랜 세월에 걸쳐 오늘날과 같은 모습이 되었어요. 그리고 마지막 숫자 0이 만들어지면서 10개의 숫자가 완성되었지요.

　그런데 왜 인도에서 만들어진 숫자를 '아라비아 숫자'라고 할까요? 아라비아 사람들이 이 숫자를 널리 알렸기 때문이에요. 옛날 아라비아 사람들은 여러 나라를 상대로 무역을 많이 했어요. 아시아의 물건을 유럽

 사람들에게 팔기도 하고, 유럽의 물건을 아시아 사람들에게 팔기도 했지요.

 인도에 간 아라비아 상인들은 인도 사람들이 쓰는 숫자가 자신들이 쓰는 것보다 더 편리하다는 것을 알게 되었어요. 그래서 아라비아 사람들은 인도 숫자를 사용하기 시작했고, 이 숫자가 아라비아와 거래를 하던 많은 나라에 전해졌어요. 아라비아 숫자를 만든 것은 인도 사람들이지만, 그것을 널리 알린 것은 아라비아 사람들이었기 때문에 아라비아 숫자라고 불린 것이지요.

 옛날에 아라비아 지역이었던 오늘날의 사우디아라비아나 이라크 같은 나라는 오히려 아라비아 숫자 대신 다른 숫자를 사용하고 있어요.

1~5의 숫자 이야기

1은 '하나'라는 뜻이지만, '처음' 또는 '최고'라는 뜻도 가지고 있어요. 숫자 중에 가장 첫 번째이기 때문이에요. 그래서 사람들은 숫자 1을 좋아하지요.

2는 짝이 있는 수예요. 우리 눈도 두 개이고, 젓가락도 2개가 모여야 쓸 수 있어요. 하지만 1과 짝이 될 때에는 나쁜 의미를 가져요. 1이 신, 착한 것, 하늘을 뜻하고, 그 다음에 오는 2는 어둠, 악마, 땅을 뜻하지요.

3은 처음에 오는 1과 2가 합해져서 만들어지는 수이기 때문에 완전한 수로 여겨져요. 예로부터 세상은 하늘, 땅, 사람, 이 세 가지가 합해져서 이루어졌다고 생각했지요.

4는 우리나라에서 '죽을 사(死)'와 발음이 같아 사람들이 싫어해요. 하지만 4는 안정감을 주는 수예요. 의자의 다리도 네 개이고, 방향도 동서남북 네 방향이지요.

손가락과 발가락이 각각 5개씩 있기 때문에 옛날부터 사람들이 수를 셀 때에는 5개씩 끊어서 생각했어요. 반장 선거를 할 때에도 '바를 정(正)' 자를 쓰거나 빗금을 5개씩 그어서 얻은 표수를 계산하지요.

3 왜 0등은 없을까?

진이와 현이는 쌍둥이 남매예요. 진이가 1분 먼저 태어나 누나가 되었고, 현이는 남동생이지요. 진이와 현이는 사이좋게 지내다가도 작은 일로 티격태격 다투기 일쑤예요. 현이는 진이가 겨우 1분 차이로 자기보다 누나가 되었다는 걸 인정하기 싫어하지요. 그래서 뭐든지 누나인 진이보다 잘하고 싶어 한답니다.

더욱이 이번 시험만큼은 꼭 진이보다 더 잘 봐야 할 이유가 있어요. 진이랑 현이는 둘 다 자전거가 갖고 싶은데, 엄마는 두 개를 한꺼번에 사는 건 힘드니까 시험을 잘 보는 사람에게 먼저 사 주겠다고 약속하셨거든요.

"이번 시험을 잘 보는 사람에게 먼저 사 주고, 다른 사람은 다음 달에 사 줘야겠구나."

진이와 현이는 자전거를 먼저 가지려고 열심히 공부했어요. 드디어 시험 결과가 나왔어요. 현이는 2등을 했어요. 현이는 진이의 성적이 몹시 궁금했지요.

"이번에 몇 등 했어? 아마 날 이기기 어려울걸?"

그런데 진이는 씩 웃으며 자신만만하게 말하는 거예요.

"글쎄, 내가 이긴 것 같은데?"

"어떻게 그렇게 자신 있게 말하는 거야?"

현이의 물음에 진이가 손가락으로 승리의 브이를 그리며 대답했어요.

"난 이번에 1등을 했거든."

"쳇, 그럼 난 0등이다. 0등이 1등보다 더 높다고."

현이는 속이 상해서 이렇게 말해 버렸어요.

"0등이 어디 있니? 0등 같은 건 없어."

현이는 자기가 진 줄 뻔히 알면서도 약이 올라서 우기기 시작했어요.

"왜 없어? 0이 1보다 먼저니까 0등도 있을 수 있지."

"하지만 0등이라는 건 한 번도 들어본 적이 없는데?"

진이도 지지 않고 말했어요. 현이는 더 이상 할 말이 없었지요.

'그런데 왜 0등은 없을까?'

그러고 보니 왜 0등은 없는지 궁금해졌어요. 현이와 진이는 선생님에게 달려갔어요.

"선생님, 왜 0등은 없어요?"

현이와 진이의 이야기를 다 듣고 난 선생님은 차분히 설명해 주셨어요.

숫자라고 다 같은 게 아냐.

"0등뿐만 아니라 건물에도 0층이 없고, 출석 번호도 0번이 아니라 1번부터 시작하지. 이 때의 숫자들은 순서를 나타내는 순서수이기 때문이야. 3등의 3과 사과가 3개라고 할 때의 3은 같은 숫자이지만 뜻이 다르단다. 3등의 3은 세 번째라는 순서를 나타내고, 사과가 3개라고 할 때의 3은 사과의 개수를 나타내는 거야. 0은 '아무것도 없다'는 뜻이니까 순서를 나타낼 때에는 쓰지 않아."

진이와 현이는 순서와 개수를 나타내는 숫자가 서로 다르다고는 한 번도 생각해 보지 못했어요.

"아하, 알겠어요. 그래서 연도를 나타내는 말도 1년부터 시작하고 0년은 없는 거죠? 1월은 있지만 0월은 없는 것이고요."

진이는 고개를 끄덕이며 말했어요. 시험에서 진이한테 져서 자전거를 늦게 갖게 된 현이는 볼멘소리로 투덜거렸어요.

"도대체 '아무것도 없음'을 나타낸다니 그런 쓸모없는 수를 왜 만든 거야?"

숫자 0은 왜 만들어졌을까요?

    0이 없던 때에 사람들은 0이 들어가야 할 자리를 비워 놓았어요. 예를 들어 32, 302, 320을 32, 3 2, 32 로 써야 했지요. 이렇게 쓰다 보니 써 놓은 숫자가 32인지, 302인지, 320인지 헷갈릴 때가 많았어요. 그래서 ·이나 ○를 비어 있는 곳에 채워 넣었어요. 이 모양이 점점 발전해서 0이 된 거예요.

    0은 처음에는 숫자로 인정받지 못했답니다. 그냥 비어 있는 곳을 채워 주는 역할을 하는 기호와도 같았지요. 하지만 나중에 사람들은 0도 1, 2, 3 같은 숫자처럼 '아무것도 없음'을 나타내는 고유한 수라는 것을 인정했어요.

    만약 0이 없었다면 우리는 수학에서 0이라는 숫자가 나올 때마다 '아무것도 없음'이라고 쓰거나 자리를 비워 놓아야 했을 거예요. 예를 들어 '7-7=아무것도 없음'이라고 써야 했겠지요. 0을 숫자로 인정해 널리 쓰게 한 사람들은 바로 아라비아 숫자를 만든 인도 사람들이에요. 0은 1~9의 숫자가 만들어진 후에 만들어졌지만 계산을 편리하도록 만들어 준 중요한 숫자랍니다.

6~0의 숫자 이야기

곤충의 다리는 6개예요. 또, 곤충의 눈을 확대해서 들여다보면 제각각 모양은 다르지만 모두 육각형의 구조를 가지고 있어요.

서양에서 7은 행운의 수로 여겨져요. 일주일은 7일로 이루어져 있고, 비 온 뒤에 하늘에 떠오르는 예쁜 무지개도 일곱 가지 빛깔로 되어 있지요.

동양에서는 방향을 건, 감, 간, 진, 손, 이, 곤, 태의 여덟으로 나타내기도했어요. 그래서 어느 모로 보나 아름다운 사람이나 여러 방면에 능통한 사람을 '팔방미인'이라고 했지요. 건, 곤, 감, 이는 검은색 띠로 우리나라 태극기의 사방 대각선 상에 그려져 있습니다.

중국에서 9는 '오랠 구(久)'와 발음이 같아서 오래 사는 '장수'를 뜻해요. 죽을 고비를 여러 차례 넘기고 겨우 살아나는 것을 '구사일생'이라고 하는 것처럼 9는 여럿을 나타내요. 1~9까지 숫자 중에 가장 큰 수이기 때문이지요.

0은 10개의 숫자 중에서 가장 나중에 만들어진 수예요. 0은 애초부터 아무것도 없는 것이기 때문에 어떤 수를 곱해도, 또 어떤 수를 나누어도 답이 모두 0이 됩니다.

4 세상에서 가장 큰 수는 뭘까?

"자, 그럼 다음 주에 세상에서 가장 큰 수를 알아오는 사람이 회장이 되는 거다. 알았지?"

민수의 말에 지희, 효쥬, 서진, 민아는 비장한 각오로 고개를 끄덕였어요. 다섯 명은 '답이 없는 문제는 없다'라는 길고 이상한 이름을 가진 모임의 회원들이에요. 함께 수학을 공부하고 연구하는 모임이지요. 새 학기가 되어 모임의 회장을 뽑기로 했는데, 수학 공부 모임답게 문제의

10^{52} 10,000,000,000,000,000,000,000,000,000,000,000,000,000,000,000,000,000

항하사

恒河沙
항   하
(갠지스 강의 한자 이름)
모래 사

무량대수

10^{68} 100,000,000,000,000,000,000,000,000,000,000,000,000,000,000,000,000,000,000,000,000,000

無量大數
없을 무   큰 대   숫자 수
헤아릴 량(양)

10^{100} 10,000,000,000,000,000,000,000,000,000,000,000,000,000,000,000,000,000,000,000,000,000,000,000,000,000,000,000,000,000,000,000,000,000,000,000,000,000,000,000,000,000,000

구골
googol

32

답을 알아내는 사람을 회장으로 뽑기로 한 거예요. 그리고 일주일 후에 친구들 앞에서 자기가 알아낸 답을 발표하기로 선생님께 허락을 받았지요. 문제가 나온 이상 아이들은 모임의 회원답게 최선을 다해 답을 알아내려고 노력했어요. 인터넷에서 검색도 하고, 도서관에 가서 책을 찾아보기도 했지요.

드디어 일주일이 지나 회장을 뽑는 날이 되었어요. 먼저 민수가 자기가 찾은 답을 말했어요.

"인도에는 '항하사'라는 수가 있대. 1뒤에 0이 52개나 나오는 엄청난 수야. 인도의 갠지스 강 바닥과 강둑에 흩어져 있는 모래알 수만큼 많다는 뜻이래. 강가의 모래알 수라니 평생 세어도 다 셀 수 없어. 아마 이보다 더 큰 수는 없을 거야."

그 말에 지희가 미소를 지으며 말했어요.

"좀 더 많은 자료를 봤다면 더 큰 수가 있다는 것도 알았을 텐데. '무량대수'라는 수가 있는데, 1뒤에 0이 68개가 붙는 수라고 해. '무량대수'의 뜻도 헤아릴 수 없을 만큼 많은 수라니까 분명히 가장 큰 수일 거야."

그러자 효준이가 나섰어요.

"무량대수보다 더 큰 수는 바로 '겁'이야. 겁은 정확한 수로 나타내진 않지만 세상이 만들어졌다가 사라지고, 다시 만들어질 때까지를 나타내는 수야. 선녀가 입은 비단옷이 아주 큰 바위에 100년에 한 번씩 스쳐서 그 바위가 다 닳을 때까지 걸리는 세월이라고도 해."

도대체 모임의 회원들은 이렇게 엄청나게 큰 수를 어떻게 알아냈을까요? 반 친구들은 상상도 하기 어려운 큰 숫자와 이상한 이름 때문에 마치 다른 나라말을 듣는 것 같았어요. 다음은 민아 차례예요.

"너희들이 말한 것은 모두 인도나 중국의 옛날 수들이잖아. 지금까지 알려진 가장 큰 수는 1에 0이 100개나 붙는 '구골'이라는 수야. 미국의 수학자 캐스너가 만든 수지."

이때 서진이 끼어들었어요.

"하지만 '구골 플렉스'라는 수도 있는데? 구골 플렉스는 10을 구골만큼 곱한 수야."

다섯 명이 모두 발표를 마쳤지만 반 친구들은 무엇이 정답인지 알 수 없어요. 회원들이 말한 숫자가 얼마나 큰 수인지조차 짐작할 수 없었지요. 발표가 끝나자 아이들의 시선은 모두 선생님에게 향했어요.

"수학을 좋아하는 친구들답게 모두 큰 수를 찾아왔구나. 하지만 이 문제로 회장을 뽑기는 어렵겠구나. 발표한 다섯 개의 수 중에서는 서진이가 말한 구골 플렉스가 가장 큰 수야. 또, 효준이가 말한 '겁'도 아주 큰 수를 나타내는 말이지. 그렇지만 세상이 생겼다 사라지고 다시 생기는 시간을 수로 정확히 나타낼 수는 없겠지? 너희들이 발표한 수는 모두 아주 큰 수이지만 '세상에서 가장 큰 수는 뭘까?'라는 질문에 대한 정답은 없단다."

선생님의 말씀에 모든 아이들은 고개를 갸우뚱거렸어요. 이 중에 정답이 없다니 더 큰 수가 있다는 말일까요? 도대체 그 수는 어떤 수일까요?

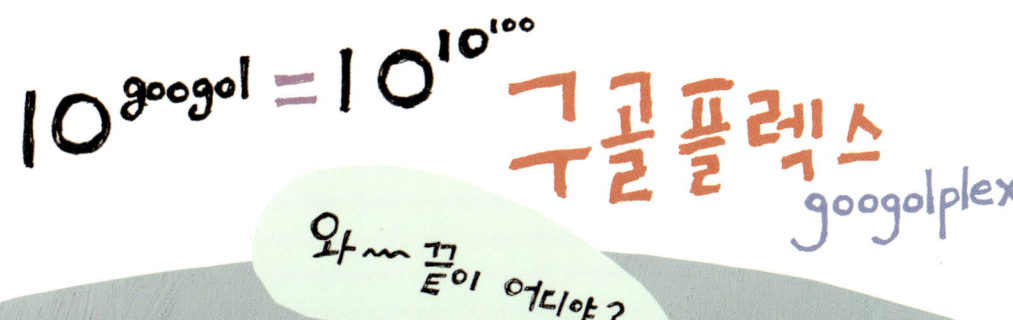

끝없이 이어지는 수

이 질문에 대한 정답은 바로 '모른다!'예요. 수는 우리 머릿속에 있는 개념이기 때문에 그 끝이 없어요.

일 = 1
십 = 10
백 = 10^2 = 10x10 = 100
천 = 10^3 = 10x10x10 = 1,000
만 = 10^4 = 10x10x10x10 = 10,000
억 = 10^8 = 100,000,000
조 = 10^{12} = 1,000,000,000,000
경 = 10^{16} = 10,000,000,000,000,000
해 = 10^{20} = 100,000,000,000,000,000,000
자 = 10^{24} = 1,000,000,000,000,000,000,000,000
양 = 10^{28} = 10,000,000,000,000,000,000,000,000,000
구 = 10^{32} = 100,000,000,000,000,000,000,000,000,000,000
간 = 10^{36} = 1,000,000,000,000,000,000,000,000,000,000,000,0
정 = 10^{40} = 10,000,000,000,000,000,000,000,000,000,000,000,000,
재 = 10^{44} = 100,000,000,000,000,000,000,000,000,000,000,000,000,000
극 = 10^{48} = 1,000,000,000,000,000,000,000,000,000,000,000,000,000,0
항하사 = 10^{52} = 10,000,000,000,000,000,000,000,000,000,000,
아승기 = 10^{56} = 100,000,000,000,000,000,000,000,000,000,000
나유타 = 10^{60} = 1,000,000,000,000,000,000,000,000,000,000,000,
불가사의 = 10^{64} = 10,000,000,000,000,000,000,000,000,000,000
무량대수 = 10^{68} = 100,000,000,000,000,000,000,000,000,000,000,0

아무리 큰 수라고 해도

누군가 '그 수보다 하나 큰 수'라고 말하는 순간 더 큰 수가 생겨나는 것이니까요. 1 뒤에 계속해서 0을 붙여 보세요. 그럼 수가 1, 10, 100, 1000, ……. 이렇게 늘어가겠지요? 0을 써 나가는 한 계속해서 큰 수를 만들 수 있어요.

끝을 알 수 없는 것을 '무한'이라고 해요.

수학에서는 끝을 알 수 없는 수를 '∞(무한대)'로 나타내요. 이것은 한없이 큰 수를 간략하게 나타내는 기호일 뿐 숫자는 아니에요.

평소에는 세계 인구나 나라의 세금 같은 큰 수를 나타낼 때도 억, 조 정도면 충분하지요. 불가사의나 무량대수, 구골 등은 아주 큰 수를 상징하는 것일 뿐 실제로 그 수를 쓰는 일은 드물어요. 우리가 알 수 없는 일을 '불가사의하다.'고 말하거나, 표현할 수 없을 만큼 기쁠 때에 '감개무량하다.'고 말하는 것은 모두 큰 수를 나타내는 이름에서 나온 말이에요.

,000
0,000,000
000,000,000,000
,000,000,000,000,000,000
0,000,000,000,000,000,000,000
000,000,000,000,000,000,000,000,000
00,000,000,000,000,000,000,000,000,000,000
000,000,000,000,000,000,000,000,000,000,000,000,000

5 내 짝은 누구일까?

 오늘은 새 학년이 시작되는 날이에요. 새 교실로 들어서니 아는 친구들도 있고, 새로운 친구들도 보여요. 현서는 낯선 분위기가 어색하지만 설레기도 해요. 담임 선생님이 예쁘고 좋은 분 같았거든요. 선생님의 소개가 끝나고, 반 친구들도 차례대로 자기소개를 마쳤어요. 그리고 드디어 현서가 마음 졸이며 기다리던 시간이 왔어요. 바로 짝을 정하는 시간이지요.
 '이번에는 여자와 짝이 될 수 있을까?'

현서는 벌써부터 가슴이 두근거렸어요. 현서가 이렇게 긴장하는 데는 다 이유가 있답니다. 2학년 때는 반 친구들 중에 여자가 15명이고, 남자가 19명이었어요. 그래서 여자 15명과 남자 15명은 각각 짝을 이루었지만 남은 남자 4명은 할 수 없이 남자끼리 짝이 되어야 했지요. 현서도 남자 짝과 나란히 앉아야 했어요.

2학년 때에 현서와 짝이었던 준혁이가 현서를 쿡쿡 찌르며 물었어요.

"올해는 여자와 짝이 될 수 있을까?"

준혁이도 여자와 짝을 하고 싶은가 봐요.

"그럼 몇 명인지 세어 볼까? 내가 남자 수를 셀 테니까 준혁이 넌 여자 수를 세어 봐."

현서는 서둘러 남자 수를 세었어요.

"남자는 22명이야. 여자는?"

준혁이는 실망스러운 말투로 대답했어요.

"여자는 15명."

이번에도 남자 수가 많으니 몇 명은 또 남자끼리 짝이 되겠네요. 현서와 준혁이는 여자와 짝이 되기를 마음속으로 빌었어요. 하지만 여자와 남자 15명이 모두 짝을 이루어 앉을 때까지 현서와 준혁이는 또 여자 짝을 얻지 못했어요. 이제 남은 사람은 남자 7명뿐이에요. 현서는 몹시 실망했지만 어쩔 수 없었지요. 대신 작년에 짝이었던 준혁이와 다시 짝이 되었으면 하고 바랐어요. 그런데 갑자기 준혁이가 이렇게 속삭이는 거예요.

"현서야, 잘못하면 남자와도 짝이 안 되겠는데?"

"뭐?"

현서는 깜짝 놀라 자기도 모르게 큰 소리로 되물었어요. 그 소리에 선생님이 다가오셨어요.

"무슨 일이니?"

준혁이는 선생님께 작년에 현서와 짝을 했던 일이며 여자 짝이 생기길 바랐다는 이야기, 그리고 남자 짝도 없게 될까 봐 걱정이라는 이야기를 모두 털어놓았어요. 준혁이의 말을 들은 선생님이 말씀하셨어요.

"그렇구나. 둘씩 짝을 지으면 한 명이 남네. 어떡하지? 짝이 없는 사람은 외로울 것 같은데……."
잠시 생각하시던 선생님은 이렇게 말씀하셨어요.
"그럼 이렇게 할까? 맨 마지막에 남은 사람은 이미 짝을 이룬 사람들 중에서 원하는 사람과 함께 앉는 거야. 맨 뒷줄에 나란히 셋이 앉는 거지. 그럼 셋이 한 팀이 되니까 외롭지 않겠지?"
이렇게 해서 현서네 반에는 혼자 짝 없이 앉는 사람은 없게 되었어요. 현서는 혼자 곰곰이 생각했어요.
'준혁이와 선생님은 짝 없이 혼자 남는 사람이 있을 거라는 걸 어떻게 미리 알았을까?'

짝이 있을지 없을지
어떻게 미리 알았을까요?

2, 4, 6, 8, 10, ……과 같이 둘씩 짝을 지으면 딱 맞아떨어지는 수를 짝수라고 해요. 또, 1, 3, 5, 7, 9, ……와 같은 수는 둘씩 짝을 지어 보면 꼭 하나가 남지요. 이런 수를 홀수라고 해요.

현서네 반은 남자가 22명, 여자가 15명으로 모두 37명이에요. 37은 둘씩 짝을 지었을 때에 하나가 남는 홀수였던 거예요. 남자와 여자 15명은 모두 짝을 얻고 남은 남자 7명 중에 한 명이 혼자 남게 되었던 것이지요.

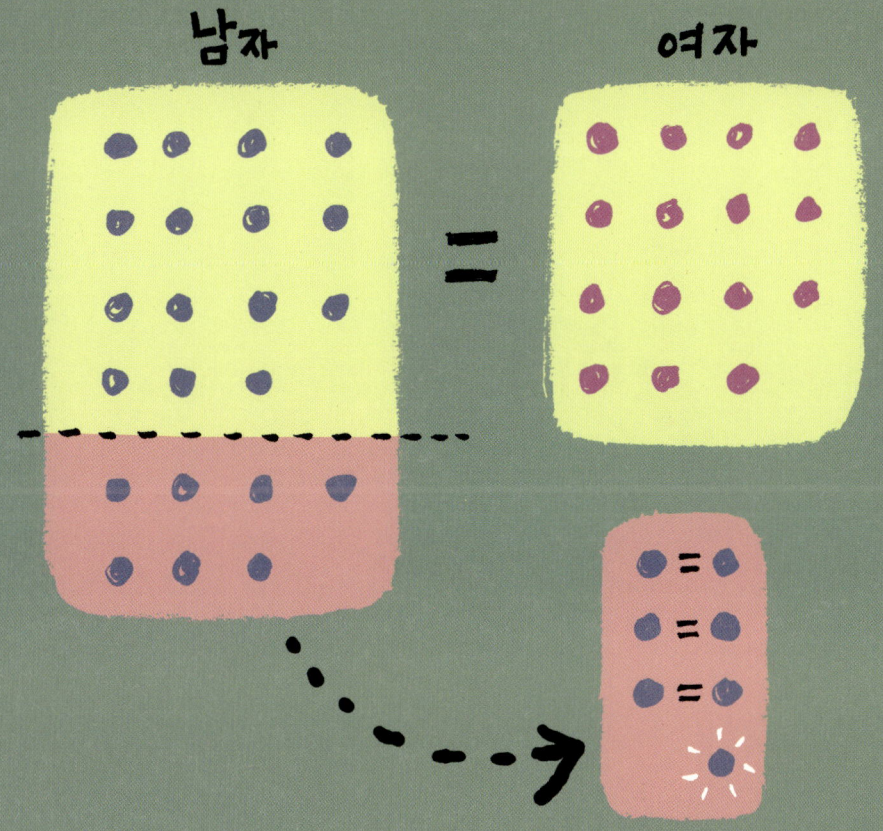

어떤 수가 짝수인지 홀수인지 쉽게 알아보려면 2로 나누어 보세요. 4를 2로 나누면 4÷2=2입니다. 즉, 2로 나누어떨어지지요. 이렇게 2로 나누어떨어지면 짝수이고, 그렇지 않으면 홀수예요.

준혁이와 선생님은 이런 방법을 이용해 반의 전체 학생 수가 홀수라는 것과 누군가 짝 없이 혼자 남겨지게 될 거라는 것을 알았던 것이지요. 하지만 선생님의 아이디어로 혼자 남겨지는 사람이 없게 되었으니 정말 다행이지요?

짝수와 홀수를 쉽게 기억하려면 짝수는 짝이 있는 수, 홀수는 짝이 없이 홀로 남게 되는 수라고 생각하면 돼요.

그렇다면 0은 짝수일까요, 홀수일까요? 0은 아무것도 없는 수이기 때문에 짝이 있다고도, 없다고도 할 수 없어요. 그럼 짝수도 홀수도 아니라고요?

답을 미리 말하자면 0은 짝수입니다.

수학자들은 짝수를 '2 × □'의 형태로 표현했어요. 모든 짝수는 2로 나누어떨어지기 때문이죠. 0은 2×0으로도 나타낼 수 있기 때문에 짝수라고 할 수 있는 거예요.

   구슬을 양손에 나눠 쥐고, 구슬의 수가 홀수인지 짝수인지 맞추는 게임이 있지요? 한 사람은 문제를 내고 다른 한 사람은 답을 맞히는 거예요. 답을 맞힌 사람은 상대방에게 문제를 낼 수 있어요.

   친구들과 함께 게임을 하며 홀수와 짝수를 구별해 보세요. 이때, 손에 구슬이 한 개도 없으면 짝수라는 걸 잊지 마세요.

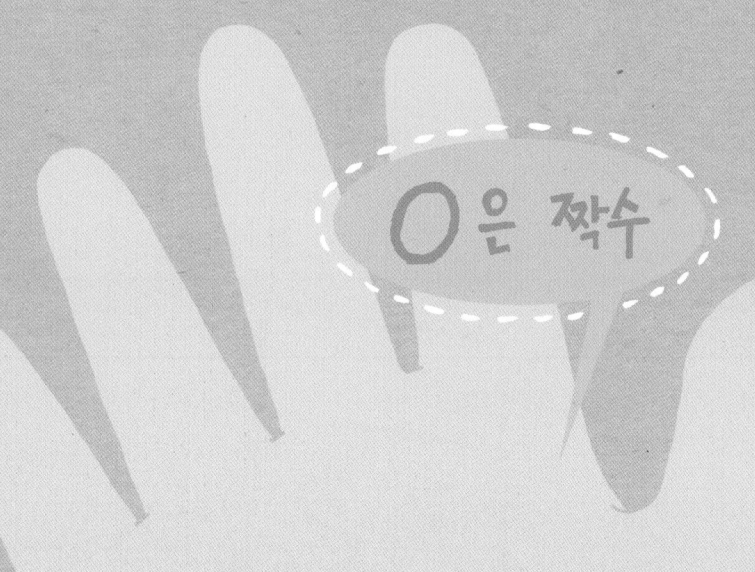

6 빵 장수 브레드의 착각

어느 마을에 아침마다 맛있는 빵을 구워 배달해 주는 브레드라는 청년이 있었어요. 집집마다 몇 개의 빵이 필요한지 미리 주문을 받아서 필요한 개수만큼 빵을 만들지요.

봉지 하나에 빵을 열 개씩 담아서 팔았는데, 브레드는 그 빵을 달콤빵이라고 불렀어요.

"이봐, 브레드. 내일은 우리 집에 달콤빵 한 봉지, 그리고 낱개로 두 개를 더 가져다주게."

달콤빵을 좋아하는 필립 씨는 매일 빵을 주문해요.

"브레드, 우리 집은 달콤빵 세 봉지가 필요해."

가족이 많은 로사 아주머니는 언제나 빵을 많이 주문하지요.

브레드는 수첩에 '필립 1봉지 2개', '로사 3봉지'라고 적어 두었다가 빵을 만들었어요. 달콤빵은 인기가 대단해서 마을 사람들은 앞다투어 빵을 주문했어요. 한꺼번에 사람들이 들이닥치면 너무 바빠서 필요한 빵의 개수를 제대로 적기가 힘들었어요.

'좋은 수가 없을까?'

브레드는 골똘히 생각했어요.

'아, 이렇게 하면 되겠구나! 간편하게 숫자만 적는 거야. 1봉지와 2개를 주문하면 12라고 적는 거지. 그럼 3봉지일 때는 어떻게 하지? 낱개 3개와 구분이 되지 않겠는걸? 그래! 3봉지는 3봉지와 낱개 0개니까 30이라고 적으면 되겠다.'

그 후로 브레드는 아무리 사람들이 많이 몰려도 걱정이 없었어요. 장사는 날로 잘 되어 브레드는 손님들을 위해 새로운 빵을 개발했지요.

새로 만든 빵은 크기가 커서 '풍선빵'이라고 불렀어요. 빵을 만드는 곳도 늘리고 일을 도와줄 직원도 뽑았지요. 직원 토미는 브레드를 도와 열심히 일했어요. 풍선빵을 포장하는 일은 토미가 맡았어요.

"사장님, 달콤빵은 봉지 하나에 열 개씩 넣었는데, 풍선빵은 커서 한 봉지에 다섯 개밖에 들어가지 않아요."

"그래? 그럼 풍선빵은 다섯 개씩 넣어서 포장하자."

풍선빵 역시 사람들에게 인기가 좋았어요. 브레드의 단골손님 로사 아주머니도 오늘은 풍선빵을 주문했어요.

"이봐, 브레드. 새로 나온 풍선빵을 맛보고 싶어. 세 봉지만 갖다줘."

브레드는 수첩에 '로사 30'이라고 적었어요. 그리고 다음날 풍선빵을 정성껏 구워 로사 아주머니에게 배달해 드렸지요. 그런데 오후에 로사 아주머니가 빵 가게로 찾아왔어요.

"브레드, 이번엔 빵을 잘못 배달했어. 보통 때는 빵 세 봉지를 사면 우리 식구 열 명이 세 개씩 먹을 수 있었는데, 이번엔 열 명이서 두 개씩도 먹을 수가 없었단 말이야. 늘 시키던 대로 똑같이 세 봉지를 시켰는데……."

하지만 브레드는 분명히 자기가 직접 빵 세 봉지를 가져다주었기 때문에 잘못되었을 리가 없다고 생각했어요.

"아주머니, 저는 분명히 세 봉지를 가져다 드렸어요. 이것 보세요. 제 수첩에도 '로사 30'이라고 적혀 있잖아요."

아주머니도, 브레드도 무엇이 잘못되었는지 알 수 없어서 고개를 갸우뚱거렸어요. 그때, 토미가 다가왔어요.

"사장님, 이유를 알 것 같아요."

"새로 만든 풍선빵의 크기가 문제예요. 달콤빵은 한 봉지에 열 개씩 넣었지만, 풍선빵은 한 봉지에 다섯 개씩 넣었잖아요."

브레드가 저지른 실수는 무엇일까요?

달콤빵 1봉지

풍선빵 1봉지

브레드는 어떤 실수를 한 걸까요?

브레드의 달콤빵은 10개를 한 봉지에 넣었기 때문에 3봉지면 30개가 되지요. 하지만 풍선빵은 5개를 한 봉지에 넣었기 때문에 3봉지면 15개밖에 되지 않아요. 브레드는 똑같이 3봉지를 배달했지만 안에 든 빵의 개수가 달라질 수 있다는 걸 깜빡 잊은 거예요. 브레드가 주문서에 똑같이 30이라고 적었기 때문에 헷갈렸던 것이지요.

브레드가 달콤빵을 포장할 때처럼 10을 한 묶음으로 생각하는 것을 십진법이라고 해요. 1이 열 개 모이면 10, 10이 열 개 모이면 100. 열 개가 될 때마다 한 자리씩 올려요. 풍선빵처럼 다섯 개를 한 묶음으로 하는 것은 오진법이라고 하지요. 이처럼 몇 개를 한 묶음으로 생각하느냐에

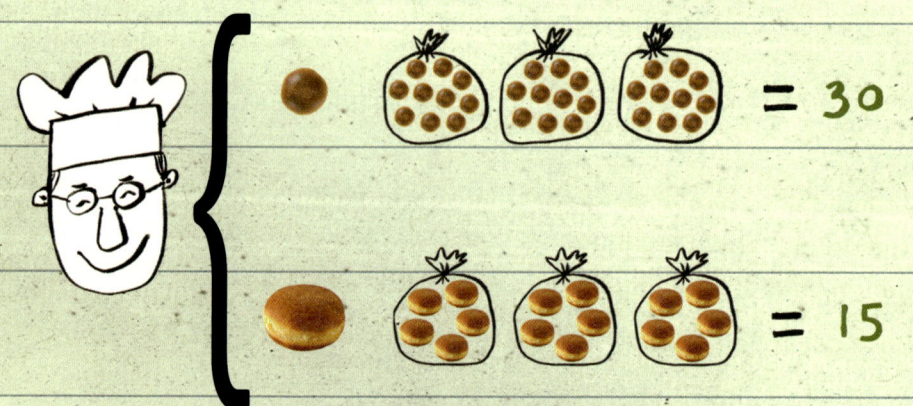

1

10

100

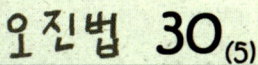

따라 이진법, 오진법, 십진법 등으로 불러요.

똑같이 30으로 써도 십진법에서는 30개가 되지만, 오진법에서는 15개랍니다. 우리가 흔히 사용하는 것은 십진법이기 때문에 십진법을 사용할 때는 '30'이라고 쓰면 돼요. 하지만 이진법이나 오진법 등 다른 진법을 사용할 때는 11110₍₂₎, 30₍₅₎처럼 수 옆에 작은 글씨로 괄호를 치고 진법을 표시하면 됩니다.

다른 진법은 언제 쓸까요?

우리가 주로 십진법을 사용하는 것은 손가락이 10개이기 때문이래요. 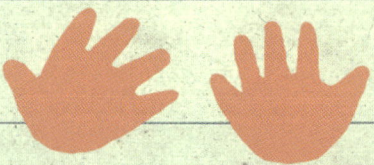 하지만 일상생활에서 다른 진법을 사용하는 경우가 종종 있어요. 연필은 한 통에 12개가 들어 있어요. 12개가 한 묶음이니까 십이진법을 사용하는 것이지요. 또, 달걀은 한 판에 30개니까 삼십진법을 사용하는 셈이에요. 복잡한 계산도 척척 해내는 컴퓨터는 이진법을 사용해요. 이진법은 두 개가 한 묶음이에요. 2씩 늘어날 때마다 한 자리씩 올라가지요.

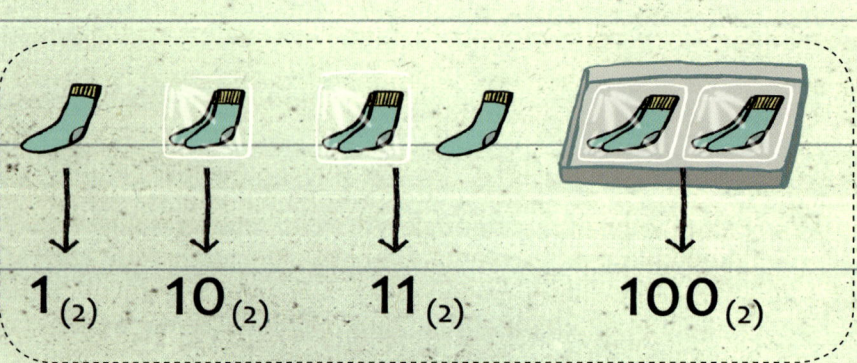

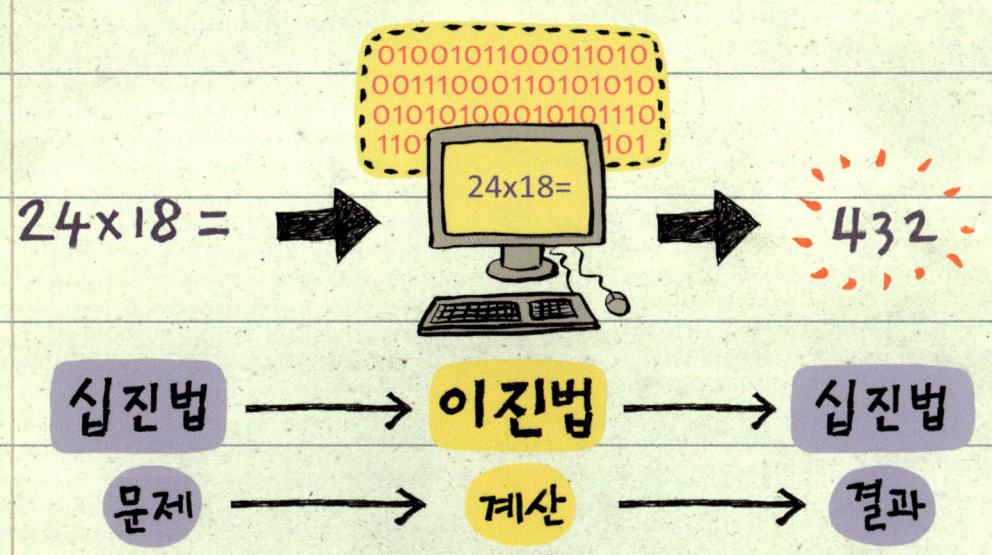

　십진법으로 수를 나타내려면 0, 1, 2, 3, 4, 5, 6, 7, 8, 9 라는 10개의 숫자가 필요하지만, 이진법은 1과 0 두 숫자만 있으면 돼요. 컴퓨터는 전기를 이용한 기계이기 때문에 전기가 통하지 않을 때는 0, 전기가 통할 때는 1로 생각해서 이진법을 사용해 계산하는 거예요. 가장 간단한 이진법으로 복잡한 계산을 빠르게 한 후에, 그 결과를 십진법으로 바꾸어 우리에게 알려 주는 것이랍니다.

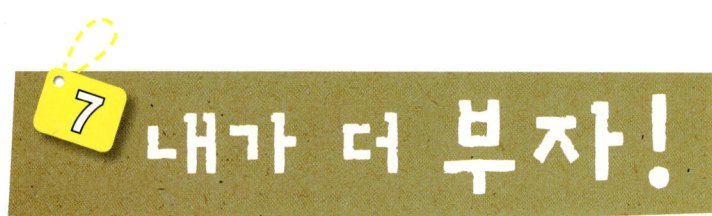

7 내가 더 부자!

옛날에 게으르고 공부하기 싫어하는 형제가 있었어요. 아버지는 부지런히 장사를 해서 많은 재산을 모았지만 도저히 두 아들에게 가게를 맡길 수가 없었지요. 어느 날 아버지는 두 아들에게 각각 똑같은 금액의 돈을 주었어요.

"너희가 공부하기도 싫어하고, 일하기도 싫어하니 가게를 물려주었다가는 얼마 지나지 않아 한 푼도 남지 않겠구나. 내가 준 돈으로 장사를 해서 더 많은 돈을 남겨 온 사람에게 내 재산을 물려주겠다."

형과 아우는 돈을 가지고 장사를 하기 위해 떠났어요. 형은 길을 가다가 털모자 장수를 만났어요.

"털모자는 잘 팔립니까? 내가 장사를 해서 돈을 벌어야 하는데 털모자를 팔면 어떨까요?"

불행히도 털모자 장수는 착한 사람이 아니었어요. 안 그래도 여름이 되니 겨울에 팔다 남은 털모자가 잘 팔리지 않아서 고민하던 참이었지요.

"그럼요. 잘 팔리지요. 이렇게 푹 눌러쓰면 귀까지 덮어 아무리 추운 날이라도 문제없다니까요."

형은 깊이 생각해 보지도 않고 돈을 몽땅 털어 털모자를 샀어요. 그리고 마을로 가서 가게를 얻어 털모자를 팔기 시작했지요. 하지만 무더운 여름에 털모자가 팔릴 리 있겠어요? 형은 매일 가게를 빌린 값으로 10만 원을 내야 했는데, 털모자는 하나도 팔지 못했으니 날마다 10만 원씩 빚을 지게 됐어요. 결국 10일 만에 가게를 빌린 돈을 내지 못해 주인에게 쫓겨났어요.

"이 더위에 털모자를 팔다니 잘될 리가 없지. 어서 가게를 비워 주게. 열흘 동안 가게를 빌린 돈 100만 원은 자네 집으로 받으러 가겠네."

형은 수첩에 자기 재산을 '－100'이라고 적어 돌아왔어요.

한편, 동생은 다른 마을에서 부채 장사를 시작했어요. 더운 날씨에 부채를 팔았으니 부자가 되었을까요? 아니에요. 게으른 동생은 장사할 생각은 않고 그늘에 누워 낮잠을 자기 일쑤였지요.

"이 부채는 얼마예요?"

"아니, 거기 써 있는 게 안 보여요? 자꾸 만지지 말고 얼른 사고 가요. 잠도 못 자게 귀찮게 굴지 말고."

이렇게 손님에게 퉁명스러우니 장사가 될 리 없지요. 결국 동생도 부채는 몇 개 팔지도 못하고 가게를 빌리느라고 쓴 80만 원만 빚지고 말았어요. 동생은 수첩에 재산을 '−80'이라고 적어 돌아왔지요.

아버지가 두 형제를 불러 놓고 물었어요.

"그래, 누가 더 장사를 잘했느냐?"

형제는 돈을 벌기는커녕 빚만 지고 왔으면서도 서로 더 부자라며 티격태격 싸우기 시작했어요. 동생이 먼저 말했어요.

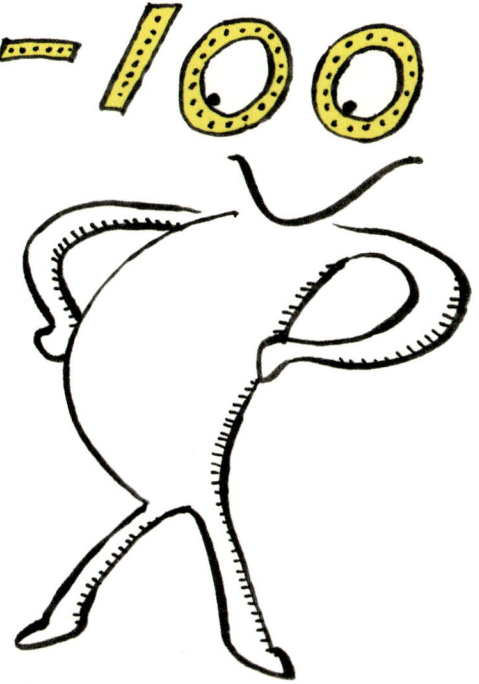

"저는 재산이 −80만 원이에요. 저에게 재산을 물려주세요."

그러자 형도 지기 싫었는지 소리를 질렀어요.

"무슨 소리야? 난 재산이 −100만 원이야. 그러니까 내가 더 부자야."

아버지는 빚을 지고 와서는 부자라고 떠드는 형제를 어이없이 쳐다보았어요. 그때 동생이 형을 보며 분하다는 듯이 말하는 거예요.

"치, 형 말이 맞아. 100만 원이 더 크니까 형이 이겼어."

아버지는 그만 할 말을 잃고 말았어요.

"당분간 너희에게 가게를 물려줄 수 없겠구나. 너희는 먼저 수학 공부부터 해야겠다."

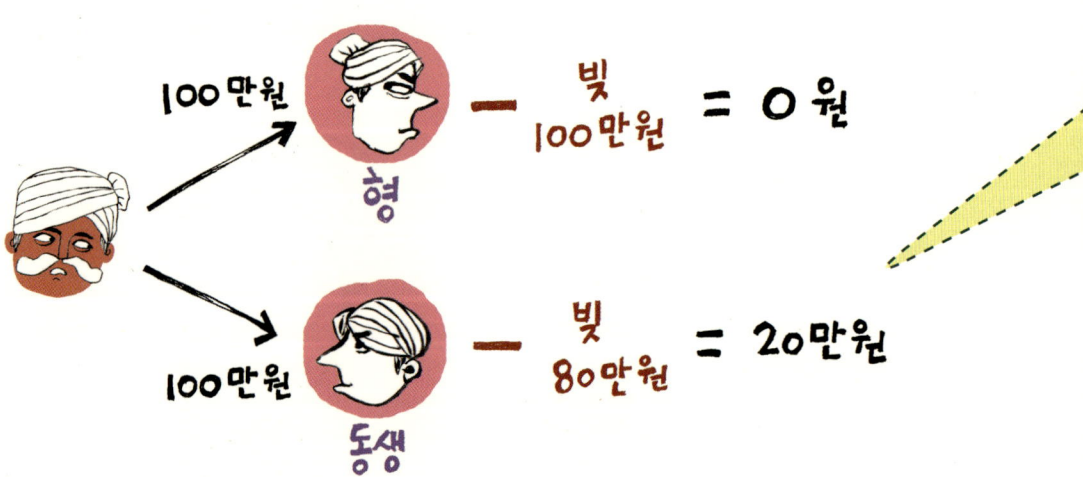

-80과 -100 중 어느 것이 더 큰 수일까요?

형제의 아버지는 아들들에게 음수에 대해서 가르쳐 주어야 할 것 같아요.

음수는 0보다 작은 수를 말해요. 음수는 수 앞에 '-(마이너스)'를 붙여 양수와 구분하지요. 0은 아무것도 없음을 나타내는 수인데 그보다 더 작은 수가 있다니 이상하다고요? 형제의 빚처럼 눈에는 보이지 않지만 0보다 더 작은 수를 나타내야 할 때가 있어요.

어떤 사람이 다른 사람에게 200원을 주어야 하는데 100원밖에 없다면 이 사람의 재산은 100원일 수 없겠지요? 오히려 100원이 모자라니까 -를 붙여 -100원이라고 써요. 형제도 자기 빚을 -를 붙여 표시했어요. 그러면 동생의 -80만 원과 형의 -100만 원 중에서 어느 것이 더 큰 수일까요?

이렇게 생각해 보세요. 아버지가 형제에게 빚을 갚으라고 100만 원을 준다면 형은 100만 원을 갚고 한 푼도 남지 않아요. 하지만 동생은 80만 원을 갚고 20만 원이 남아요. 형보다 동생이 더 나은 셈이지요. 결국 둘 다 빚만 졌으니 서로 더 부자라고 다투는 게 우스운 일이지만요.

일상생활에서 만나는 음수

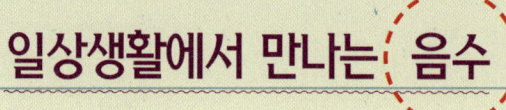

음수가 처음 쓰이기 시작한 것은 인도 사람들이 빚을 나타내기 위해 숫자에 '-'를 붙이면서부터예요.

중국 사람들은 계산을 할 때에 막대를 사용했는데, 재산은 검은 막대로, 빚은 빨간 막대로 표시했어요. 나중에 재산은 검은 글씨(흑자)로, 빚은 빨간 글씨(적자)로 적었지요. 경제에서 이익을 보면 '흑자'라고 하고, 손해를 보면 '적자'라고 하는 것은 이 때문이랍니다.

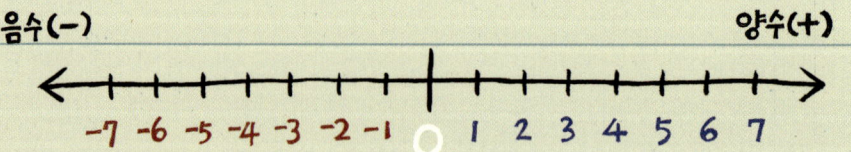

0을 기준으로 한 쪽은 양수로, 반대쪽은 음수로 나타낼 수 있어요. 위와 같은 직선을 이용하면 음수의 크기를 비교하거나, 음수와 양수를 더하고 뺄 때에 생각하기 편리해요.

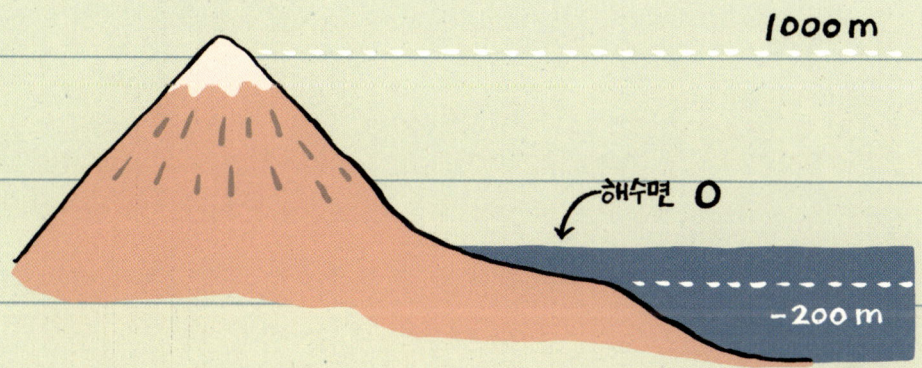

산의 높이는 1000m처럼 양수로 쓰지만, 바다의 깊이는 반대 방향이므로 해수면을 기준으로 -200m처럼 음수로 표시해요.

음수가 빚을 나타낼 때만 쓰이는 것은 아니에요. 기온을 나타낼 때에 0도보다 따뜻하면 1도, 2도, 3도, ……와 같이 양수로 나타내고, 0도보다 추우면 -1도, -2도, -3도, ……와 같이 음수로 나타내지요.

8 선생님을 깜짝 놀라게 한 덧셈

가우스는 아르키메데스, 뉴턴과 함께 세계 3대 수학자로 손꼽히는 유명한 수학자예요. 가우스는 어릴 때부터 덧셈, 뺄셈, 곱셈, 나눗셈 등을 암산으로 척척 해내어 사람들을 놀라게 했어요.

세 살 때는 아버지가 쓰는 가계부에서 계산이 틀린 곳을 발견할 정도였답니다.

그가 열 살 때의 일이었어요.

"자, 오늘은 덧셈 연습을 해 볼까요? 1부터 100까지의 자연수를 모두 더해 합을 구해 보세요."

선생님이 아이들에게 문제를 냈어요.

"어휴, 그걸 언제 다 더하지?"

"수업 시간 안에 다 풀 수 있을까?"

여기저기서 아이들이 불평하는 소리가 들렸어요.

"자, 모두 조용히 하고 계산에 집중하세요. 여러 숫자를 더해야 하니까 계산이 틀리지 않도록 조심하세요."

아이들은 공책 위에 열심히 숫자를 써 가며 더하기 시작했어요. 선생님은 1부터 100까지 숫자를 모두 더하려면 시간이 많이 걸릴 거라고 생각했어요.

"아무래도 시간이 좀 걸리겠지? 그동안 잠시 책이라도 볼까?"

그런데 얼마 지나지 않아 한 학생이 일어났어요.

"선생님, 다 풀었어요."

선생님은 깜짝 놀랐어요.

"가우스, 벌써 다 계산했다고? 그럴 리가 없을 텐데. 1과 100을 더하

는 게 아니라 1부터 100까지 자연수를 다 더하는 거야."

"알아요, 선생님. 답은 5050이에요."

선생님은 믿을 수가 없었어요.

"가우스, 전에 이 문제를 풀어본 적이 있니? 답을 미리 알고 있었던 것 같구나."

가우스는 고개를 저으며 말했어요.

"아니에요. 방금 계산해서 나온 답인걸요."

선생님은 가우스에게 다가갔어요. 아이들도 모두 어리둥절해서 선생님과 가우스를 번갈아 쳐다보았지요.

아이들은 가우스의 답이 맞는지 틀린지조차 알 수 없었어요. 그때까지 계산을 끝낸 학생은 한 명도 없었기 때문이에요. 선생님이 가우스의 공책을 살펴보았더니 아무것도 적혀 있지 않았어요.

"가우스, 도대체 어떻게 된 거니?"

"그냥 머릿속으로 계산했어요. 아주 간단하거든요."

"간단하다고?"

가우스는 자기가 어떻게 풀었는지 또박또박 설명했어요. 그 방법은 선생님도 미처 생각하지 못한 방법이었지요. 선생님은 이 일로 가우스가 수학 천재라는 것을 알게 되었어요. 선생님은 가우스를 위해 공부를 도와줄 다른 선생님을 소개시켜 주기도 하고, 책을 선물하기도 했어요. 가우스는 고등학생 때에 이미 새로운 수학 이론들을 찾기 시작했고, 나중에 훌륭한 수학자가 되어 많은 업적을 남겼답니다.

어린 가우스는 어떤 계산법으로 선생님을 깜짝 놀라게 했던 것일까요?

1에서 100까지 빨리 더하려면?

가우스는 1부터 100까지 차례대로 더하지 않고, 두 개씩 짝을 지어 더했어요. 1과 100, 2와 99, 3과 98, 4와 97, ……. 앞의 숫자와 뒤의 숫자를 짝을 지어 더하면 그 합이 각각 101이 된다는 것을 알았던 거예요. 그리고 그 쌍은 모두 50개가 되지요. 그래서 101×50=5050이라는 것

1 + 2 + 3 + 4 + 5 + ⋯⋯
100 + 99 + 98 + 97 + 96 + ⋯⋯
= = = = =
101 + 101 + 101 + 101 + 101 + ⋯⋯

101 × 50 = 5050

을 머릿속으로 계산해 냈던 거예요.

이처럼 숫자가 일정하게 늘어나는 수를 더할 때에는 규칙성 때문에 간편하게 계산할 수 있어요.

가우스의 이러한 계산법은 나중에 '등차수열'이라는 수학 이론으로 발전했어요. 어떤 수에 차례로 일정한 수를 더해 이루어진 수의 나열을 '등차수열'이라고 해요. 예를 들어 1, 3, 5, 7, ……은 앞의 수에 2를 더한 수들을 모아 놓은 것이지요.

┈┈ + 46 + 47 + 48 + 49 + 50
┈┈ + 55 + 54 + 53 + 52 + 51
     ‖   ‖   ‖   ‖   ‖
┈┈ + 101 + 101 + 101 + 101 + 101

덧셈을 할 수 없는 것들

더할 수 없는 것들이 있어요.

몸무게는 형의 몸무게 40kg과 동생의 몸무게 20kg을 합하면 60kg이 되지요. 하지만 물의 온도는 그렇지 않아요. 섭씨 80도의 물과 섭씨 10도의 물을 섞으면 섭씨 90도의 물이 될까요? 그렇지 않아요. 차가운 물과 뜨거운 물을 섞으면 미지근한 물이 되지요.

또, 콩 한 컵과 쌀 한 컵을 섞어 다시 컵에 나누어 담아 보세요. 그러면 두 컵이 되어야겠지만 실제로는 두 컵보다 적은 양이 되지요. 콩 사이사이의 빈 공간을 쌀이 채우면서 부피가 줄어들기 때문이에요.

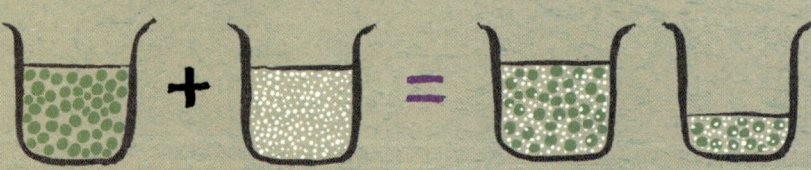

덧셈에서는…

순서가 바뀌어도 괜찮아요.

귤을 집을 때에 세 개를 먼저 집고 두 개를 나중에 집는 거나 두 개를 먼저 집고 세 개를 나중에 집는 거나 귤 다섯 개를 집는 것은 마찬가지인 것처럼 말이에요.

같은 종류끼리 더해야 돼요.

사과 2개와 강아지 3마리는 '2+3=5'라는 식으로 표현하기 어려워요. 더한 결과를 사과 5개라고도, 강아지 5마리라고도 할 수 없으니까요. 따라서, 사과와 강아지는 서로 더할 수 없고, 각각 사과 2개와 강아지 3마리라고 해야 해요. 사과는 과일이고 강아지는 동물로, 서로 종류가 다르기 때문이에요.

9 구구단은 싫어!

"칠 일은 칠, 칠 이 십사, 칠 삼 이십일, ……."
 요즘 철이는 구구단을 외우느라 정신이 없어요. 일주일 후에 친구들과 선생님 앞에서 발표하기로 했는데 좀처럼 외워지지 않는 거예요. 2단이나 5단은 쉬워서 금방 외웠지만 7단에서 9단까지는 어려워서 빨리 외워지지 않았어요. 답답해진 철이는 그만 짜증이 났어요.

"아, 구구단은 도대체 왜 외우는 거야? 잘 외워지지도 않고 귀찮기만 하다니까!"

이 말을 들은 삼촌이 철이에게 다가왔어요.

"철이야, 여기에 초콜릿이 몇 개나 들었는지 알아맞혀 볼래? 10초 안에 답을 맞히면 이 초콜릿 다 줄게."

철이는 초콜릿을 통째로 준다는 말에 눈이 반짝였어요.

삼촌이 내민 상자에는 맛있는 초콜릿이 줄을 맞춰 예쁘게 놓여 있었지요.

"좋아요. 삼촌은 제가 수도 못 셀 줄 아세요?"

"그럼 시작한다."

삼촌은 시계를 보며 초를 세기 시작했어요. 철이는 빠른 속도로 초콜릿을 세기 시작했지요.

"일, 이, 삼, 사, 오, ……, 삼십이."

거의 다 세어갈 무렵 시간이 다 되고 말았어요.

"아, 아깝다. 거의 다 셌는데……. 삼촌, 이건 불공평해요. 아무리 빨리 세어도 10초 안에 이걸 다 세는 건 무리라고요."

삼촌은 웃으며 대답했어요.

"네가 구구단을 이용했다면 초콜릿이 몇 개인지 금방 알 수 있었을 거야. 구구단은 계산을 편하게 하려고 외우는 거란다. 곱셈은 같은 수를 여러 번 더하는 걸 편리하고 간단하게 표현하려고 생겨났어. 예를 들어 3을 7번 더한다고 하자. 덧셈을 이용하여 식으로 쓰면 '3+3+3+3+3+3+3'이야. 하지만 이렇게 같은 수를 여러 번 쓰는 건 귀찮기 때문에 3을 7번 더하는 것은 '3×7'로 쓰자고 약속한 거야. 숫자가 적을 땐 큰 차이가 없어 보이지만 3을 88번 더해야 한다고 생각해 보렴. 곱셈이 없었다면 3을 88번이나 써서 더해야 하니까 몹시 귀찮고 오래

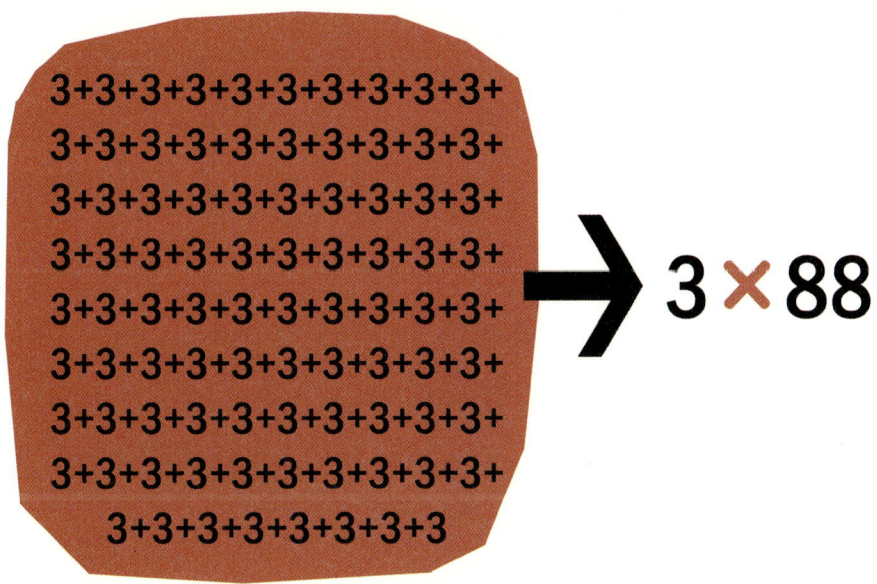

걸리겠지? 곱셈은 같은 수의 덧셈을 간단하게 표현해 주는 고마운 도우미 같은 거야."

하지만 철이는 속상한 마음에 여전히 투덜거렸어요.

"그게 초콜릿과 무슨 상관이 있어요?"

"자, 그럼 초콜릿을 먹으면서 이야기해 볼까? 이 초콜릿은 상자 안에 6개씩 7줄로 놓여 있어. 덧셈으로 표현하면 '6+6+6+6+6+6+6'으로 나타낼 수 있지. 곱셈을 이용하면 좀 더 간단하게 '6×7'로 나타낼 수 있겠지? 식을 어떻게 쓰든지 구구단을 모르면 일일이 6을 7번 더해서 개수를 계산해야 돼. 하지만 구구단을 알면 '육 칠은 사십이'니까 답이 42라는 것을 금방 맞힐 수 있어.

구구단은 사람들이 덧셈을 빠르게 하기 위해서 2를 한 번 더할 때, 두 번 더할 때, 세 번 더할 때 등 1부터 9까지의 숫자를 한 번에서 아홉 번까지 더하는 경우의 답을 미리 계산해 놓은 거야. 일일이 계산하지 않고도 간단하게 외워서 사용할 수 있도록 한 거지. 지금은 외우는 게 조금 귀찮겠지만 한번 외워 두면 두고두고 편하게 사용할 수 있는 게 구구단이란다."

삼촌의 이야기를 듣고 난 철이는 비로소 마음이 좀 풀렸어요. 여전히

구구단에는 왜 1단이 없을까요?

곱셈은 같은 수를 여러 번 더하는 것을 간단하게 표현한 것이라고 했지요? 삼촌의 말대로 구구단 1단을 만들어 볼까요?

1을 한 번 더하면 → 1 → $1 \times 1 = 1$

1을 두 번 더하면 → $1+1=2$ → $1 \times 2 = 2$

︙

1을 여덟 번 더하면 → $1+1+1+1+1+1+1+1=8$ → $1 \times 8 = 8$

1을 아홉 번 더하면 → $1+1+1+1+1+1+1+1+1=9$
→ $1 \times 9 = 9$

7단부터 9단은 쉽게 외워지질 않지만요. 구구단이 적힌 책을 들여다보던 철이는 궁금한 점이 생겼어요.

"삼촌, 왜 구구단에는 1단이 없어요?"

"우리 철이가 이제 구구단에 관심이 생겼나 보구나. 삼촌의 설명을 잘 생각해 보면 쉽게 알 수 있을걸? 네가 직접 1단을 만들어 보렴."

1단은 1을 더한 횟수가 그대로 답이 돼요. 애써 외울 필요가 없기 때문에 구구단에 표시를 하지 않는 경우가 많아요.

또, 0은 몇 번을 더하든지 답이 무조건 0이기 때문에 당연히 외울 필요가 없답니다. 어떤 수에 0을 곱하든지 간에 답은 항상 0이 되지요.

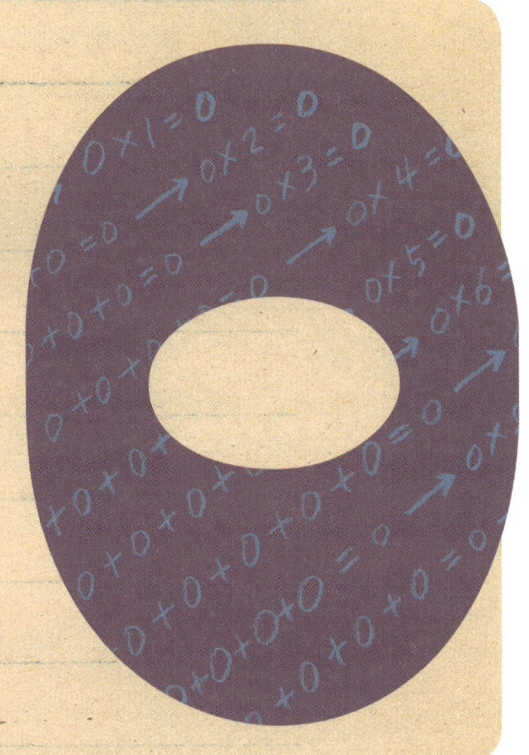

옛날에는 구구단이 있었을까요?

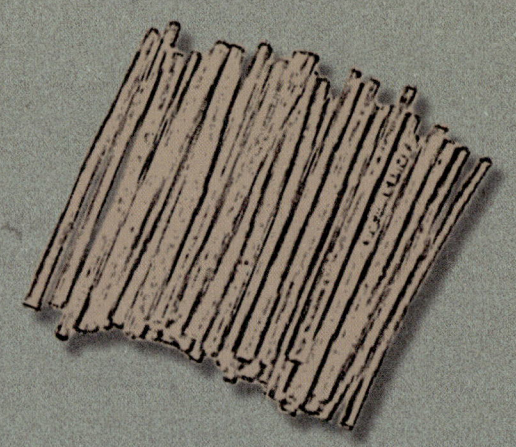

　동양에서 구구단의 역사는 아주 오래되었어요. 중국에서 시작되었는데, 지금처럼 숫자로 외우지 않고 한문으로 '일승일 여일', '일승이 여이'와 같은 식으로 외웠다고 해요. '승'은 곱하기라는 뜻이고, '여'는 같다는 뜻이에요.

　옛날에는 큰 자릿수의 곱셈을 할 때에 지금처럼 일의 자리부터 계산해 올라가지 않고 윗자리부터 계산했어요. 218×3을 계산할 때는 (200×3)+(10×3)+(8×3)의 순서로 계산한 것이지요. 산대라는 막대를 이용해서 계산을 했는데, 산대를 이용할 때는 윗자리부터 계산하는 것이 편리했기 때문이에요. 지금은 식을 이용해 계산하기 때문에 일의 자리부터 거꾸로 올라가며 계산하는 것이 더 편리하지요.

　구구단이 처음 나왔을 때는 구구단을 2단부터 외우지 않고 9단부터 외웠다고 해요. 일부러 어려운 9단부터 외워서 아무나 이해할 수 없도록 하기 위해서였대요. 그러니까 우리가 구구단을 쉽게 이해하고 사용할 수 있게 된 것을 고마워해야 하지 않을까요?

一乘一 如一

일 승 일 여 일

1 × 1 = 1

一乘二 如二

일 승 이 여 이

1 × 2 = 2

10 엄청난 밀알 한 톨

서양 장기인 체스는 인도에서 발명된 게임에서 시작되었어요. 이 게임에는 재미있는 수학 이야기가 담겨 있답니다.

약 4000년 전, 인도에 게임을 아주 좋아하는 왕이 있었어요. 하루는 왕이 수학자인 세타를 불렀어요.

"날 위해 재미있는 게임을 만들어 줄 수 있겠소?"

왕의 부탁을 받은 세타는 어떤 게임이 재미있을까 열심히 고민했어요. 오랜 고민 끝에 게임을 만들어 왕에게 갔어요. 세타는 왕 앞에 64개의 칸이 그려진 판을 내밀었어요.

"이것은 도대체 어떻게 하는 게임이오?"

세타는 코끼리를 탄 병사, 전차를 끄는 병사 등 갖가지 모양의 작게 만든 인형들을 꺼내어 놓고 게임의 규칙을 설명하기 시작했어요. 64개의 칸 위에서 작은 인형들을 규칙대로 움직이며 진행되는 전쟁 게임이었지요.

설명을 다 듣고 난 왕은 직접 게임을 해 보았어요. 게임이 아주 재미있어서 기분이 좋아진 왕은 세타에게 큰 상을 내리기로 했어요.

"이렇게 재미있는 게임을 만들다니 정말 훌륭하오. 그대에게 상을 주고 싶으니 소원을 말해 보시오."

잠시 생각하던 세타는 왕에게 이렇게 말했어요.

"게임 판의 제일 첫 칸에 밀알 한 톨을 놓아 주십시오. 그리고 두 번째 칸에는 두 톨, 세 번째 칸에는 네 톨, 네 번째 칸에는 여덟 톨, 이렇게 64칸을 한 칸씩 셀 때마다 앞 칸의 두 배가 되는 밀알을 주십시오."

"허허, 어리석구나. 왕이 소원을 들어준다는데 고작 밀알 몇 톨이라니! 당장 밀알의 수를 계산해 세타에게 가져다주도록 하라."

왕은 세타가 어리석거나 욕심이 없는 사람이라고 생각했어요. 하지만 세타는 알 듯 모를 듯 미소를 지으며 집으로 돌아갔지요.

그날 저녁, 왕이 신하에게 물었어요.

"세타에게 밀알을 주었느냐?"

"계산이 생각보다 복잡하여 지금 왕궁의 수학자들이 모여 밀알을 세고 있는 중입니다."

"고작 그만한 일에 수학자들까지 필요하단 말이냐?"

왕은 이해할 수가 없었어요. 다음 날, 왕궁의 수학자들이 헐레벌떡 달려왔어요.

"그래, 계산은 다 했느냐?"

"네, 그런데 그 수가 너무나 엄청납니다."

"도대체 밀알 따위가 많아 봐야 얼마나 많단 말이냐."

"자그마치 18446744073709551615톨입니다."

왕은 깜짝 놀랐어요.

"읽기조차 힘든 수로구나. 이것을 어떻게 읽어야 하느냐?"

"1844경 6744조 737억 955만 1615입니다."

왕은 뭔가 잘못되었다는 생각이 들었어요. 어떻게 한 톨의 밀알이 그렇게 엄청나게 큰 수가 되었는지 도저히 이해할 수가 없었지요.

"뭔가 잘못 계산한 모양이구나. 밀알 한 톨이 어째서 그렇게 큰 수가 되었단 말이냐?"

수학자들은 머리를 조아리며 대답했어요.

"아닙니다. 계산은 틀림없습니다. 한 칸씩 셀 때마다 앞 칸의 두 배의 밀알을 놓고 모두 더한 결과입니다. 계산을 해 보자면 첫 번째 칸에는 한 톨, 두 번째 칸에는 두 톨, 세 번째 칸에는 네 톨, ……."

왕은 머리가 점점 복잡해지면서 짜증이 났어요.

"어쨌든 세타에게 그만큼의 밀알을 주도록 하라."

하지만 수학자들은 한숨을 내쉬며 이렇게 말했어요.

"나라의 밀을 다 모아도, 아니 온 세상의 밀을 다 모아도 그만큼은 되지 않습니다."

결국 왕은 세타에게 한 약속을 지킬 수 없었어요. 도대체 어째서 한 톨의 밀알이 그렇게 큰 수가 된 것일까요?

한 톨의 밀알이 엄청난 수가 되게 한 계산법은 무엇이었을까요?

첫 번째 칸에서 한 톨로 시작해서 두 배씩 늘려 가면 두 번째 칸에는 두 톨, 세 번째 칸에는 네 톨, 네 번째 칸에는 여덟 톨, …….

이렇게 같은 수를 여러 번 곱해 나가는 것을 '거듭제곱'이라고 해요. 거듭제곱은 어떤 수를 몇 번 곱했는지 짧게 줄여서 나타내요. 예를 들어 2를 3번 곱하면 2^3, 2를 7번 곱하면 2^7로 쓰지요. 밀알을 계속 두 배씩 늘려 가는 것을 식으로 나타낼 때는 거듭제곱을 사용할 수 있어요.

첫 번째 칸 1
두 번째 칸 $1 \times 2 = 2$
세 번째 칸 $2 \times 2 = 2^2 = 4$
네 번째 칸 $2 \times 2 \times 2 = 2^3 = 8$
다섯 번째 칸 $2 \times 2 \times 2 \times 2 = 2^4 = 16$
⋮

예순세 번째 칸 $2×2×2×2×2×2×2×2×2×2×2×2×2×2×2×2×2×2×2×2×2×2×2×2×2×2×2×2×2×2×2×2×2×2×2×2×2×2×2×2×2×2×2×2×2×2×2×2×2×2×2×2×2×2×2×2×2×2×2×2×2×2 = 2^{62} = 4611686018427387904$

예순네 번째 칸 $2×2×2×2×2×2×2×2×2×2×2×2×2×2×2×2×2×2×2×2×2×2×2×2×2×2×2×2×2×2×2×2×2×2×2×2×2×2×2×2×2×2×2×2×2×2×2×2×2×2×2×2×2×2×2×2×2×2×2×2×2×2×2 = 2^{63} = 9223372036854775808$

결국 이 수들을 모두 더하면,

$1+2+4+8+16+32+64+128+256+512+1024+2048+\cdots\cdots+4611686018427387904+9223372036854775808=18446744073709551615$가 되는 거예요.

처음에는 그 수가 작아도 계속 두 배로 늘려 가면 엄청나게 큰 수가 된다는 것을 알 수 있어요.

기하급수의 힘

늘어 가는 수가 아주 많은 것을 기하급수적이라고 해요. 세타의 밀알도 기하급수적으로 늘어났다고 할 수 있지요.

이렇게 늘어나는 예는 일상생활에서도 찾을 수 있어요. 우리는 흔히 인구가 기하급수적으로 늘어난다고 말해요. 이것은 인구가 엄청난 속도로 빠르게 늘어난다는 말이에요. 또, 몸속의 세포나 세균이 늘어날 때도 기하급수적으로 늘어나지요. 세포는 한 개가 두 개로, 두 개가 네 개로, 네 개가 다시 여덟 개로, ……. 세타의 밀알과 똑같은 방식으로 늘어나요.

세포 하나가 1분에 하나씩 늘어난다면 30분 후에는 어떻게 될까요? 엄청난 숫자가 되어 있겠지요? 만약 이것이 몸에 나쁜 세균이라면 정말 끔찍한 일이에요.

1 → 2 → 4 → 8 → 16 → 32

1 2 4 8 16 32 64

127

    이 원리를 이용하면 모두가 행복해지는 데도 오랜 시간이 걸리지 않는답니다. 예를 들어 한 사람이 두 사람에게 좋은 일을 하고, 그 두 사람이 다음 날 각각 다시 두 사람에게 좋은 일을 한다면 좋은 일을 하는 사람의 수가 기하급수적으로 늘어날 테니까요.

"야호, 신난다."

민지는 신이 나서 집으로 뛰어 들어왔어요. 그리고 엄마에게 달려가 자랑스럽게 수학 시험지를 내밀었지요. 민지의 시험지를 본 엄마는 빙그레 웃으며 말했어요.

"좋아, 민지도 약속을 지켰으니까 이번엔 엄마가 약속을 지켜야겠구나."

엄마의 말에 민지는 싱글벙글 웃음을 감추지 못했어요. 이번 수학 시험에서 90점 이상을 받으면 엄마가 놀이동산에 데려가겠다고 약속했거든요. 놀이동산은 민지가 제일 좋아하는 곳이에요. 위로 올라갔다가 밑으로 휙 내려오는 놀이 기구를 타면 두근두근 무서우면서도 정말 신이 나거든요. 민지는 일요일이 되기만을 손꼽아 기다렸어요.

드디어 일요일이에요. 민지네 가족은 맛있는 간식까지 챙겨 놀이동산에 갔어요. 동생 민철이도 덩달아 신이 났지요. 민지네 가족은 신나는 놀이 기구도 타고 사진도 찍으며 재미있게 놀았어요. 덕분에 모두 목이 말랐어요. 민지가 자신 있게 말했어요.

"여기서 잠깐 기다리세요. 제가 가서 음료수를 사 올게요. 용돈 모은 거 가지고 왔어요."

"그럼 우리 딸이 사 주는 음료수 좀 마셔 볼까? 엄마, 아빠는 차가운 커피로 부탁해."

엄마, 아빠는 흐뭇한 표정을 지었어요. 민지는 용돈을 들고 매점으로 달려갔어요.

"커피랑 주스 얼마예요?"

"커피는 900원, 주스는 800원이에요."

예쁘게 생긴 매점 언니가 상냥한 목소리로 대답해 주었어요. 민지는 커피 두 개와 주스 두 개를 사려고 돈을 계산해 보았어요. 어? 그런데 가격이 5000원이 넘는 거예요. 가진 돈이 5000원이었던 민지는 그만 얼굴이 빨개지고 말았어요.

"안 살 거니?"

언니가 다시 묻자 민지는 머뭇거리다가 대답했어요.

"저, 죄송해요. 이따가 다시 올게요."

민지는 가족이 있는 곳으로 달려왔어요. 매점에 갔던 민지가 그냥 돌아오자 엄마가 이상해서 물었어요.

"민지야, 왜 그냥 오니?"

"엄마, 돈이 모자라요."

900원 900원 800원 800원

$$900 \times 2 + 800 \times 2$$

"그래? 음료수가 비싼 모양이구나. 얼마인데 그러니?"

"커피가 900원, 주스가 800원인데 5000원밖에 안 가지고 있어서요."

그 말을 들은 엄마는 고개를 갸웃거리며 물었어요.

"그럼 5000원으로 충분할 텐데……."

"아니에요. 제가 틀림없이 잘 계산했어요."

민지는 종이까지 꺼내어 음료수 값을 계산해 보았어요.

"커피는 900원, 주스는 800원이고, 각각 두 개씩 사려고 했거든요. 보세요. '900×2+800×2' 이렇게 계산했어요."

"식은 잘 썼는데 뭐가 잘못된 걸까?"

아빠가 물었어요.

"순서대로 계산하면 '900×2=1800'이잖아요. 그래서 거기에 다시 800을 더하면 2600이 되고 다시 2를 곱하면 5200원이 되는걸요."

그제야 엄마, 아빠는 알았다는 듯이 미소를 지었어요.

"민지야, 그 돈으로 가서 음료수를 달라고 해 볼래? 틀림없이 살 수

민지의 계산은 왜 틀렸을까요?

민지가 세운 식에는 조금도 문제가 없었어요. 곱셈이나 덧셈의 계산도 각각 틀리지 않았지요. 그런데 왜 답이 틀렸던 것일까요?

바로 계산하는 순서가 잘못되었기 때문이에요. 민지가 세운 식에는 곱셈과 덧셈의 계산이 섞여 있었어요. 이런 경우에는 먼저 곱셈부터 계산한 후에 덧셈을 해야 합니다.

그러니까 음료수 가격은 커피

있을 거야. 다녀오면 뭐가 잘못되었는지 알려 줄게."

민지는 다시 매점으로 갔어요. 음료수를 주문하고 5000원을 내자 예쁜 언니는 음료수와 함께 잔돈까지 거슬러 주는 게 아니겠어요? 민지의 계산은 왜 틀렸을까요?

두 개 가격(900×2=1800)과 주스 두 개 가격(800×2=1600)을 각각 먼저 계산한 후에 그 두 가격을 더해 3400원이 되어야 맞는 거예요. 그런데 민지는 곱셈, 덧셈에 상관없이 앞에서부터 순서대로 계산했기 때문에 5200원이라는 전혀 다른 값이 나온 것이지요.

그러면 왜 곱셈과 덧셈이 함께 있을 때에 곱셈부터 계산해야 할까요? 곱셈을 덧셈으로 바꾸어 식을 써 보면 쉽게 알 수 있어요.

'900원×2개+800원×2개'는 '900원+900원+800원+800원'으로 바꾸어 쓸 수 있어요. 그런데 민지처럼 계산하면 '900원+900원+800원'을 하고 전체에 ×2를 한 셈이 되지요. 그래서 식은 같아도 순서가 바뀌면 전혀 다른 답이 나오게 되는 것이랍니다.

복잡한 계산을 할 때는 어떻게 할까요?

민지의 계산처럼 하나의 식에 덧셈, 뺄셈, 곱셈, 나눗셈 등이 두 가지 이상 섞여 있는 것을 혼합 계산이라고 해요. 혼합 계산을 할 때는 반드시 지켜야 할 순서가 있어요. 혼합 계산의 순서를 알아볼까요?

덧셈과 뺄셈이 있을 때

앞에서부터 차례대로 계산해요. ( )가 있을 경우에는 ( ) 안을 먼저 계산해요.

① ③ ② ④
(2 + 7) - (4 - 3) + 5 = 13

곱셈과 나눗셈이 있을 때

앞에서부터 차례대로 계산해요. ( )가 있을 경우에는 ( ) 안을 먼저 계산해요.

③ ① ④ ②
6 ÷ (3 × 2) × (8 ÷ 4) = 2

덧셈, 뺄셈, 곱셈, 나눗셈이 섞여 있을 때

( )나 { }가 있는 경우에는 ( ) 안을 먼저 계산하고, 그 다음에 { } 안을 계산해요.

①　　④　　②　　③
$$(5 \times 6) - \{(2 \times 3) + 4\} = 20$$

( )가 없고 식만 있는 경우에는 곱셈이나 나눗셈을 먼저 계산하고, 그다음에 덧셈과 뺄셈을 순서대로 계산해요.

③　①　②　④
$$9 - 3 \times 2 \div 2 + 4 = 10$$

12 사이좋은 세쌍둥이의 비결

옛날 어느 마을에 세쌍둥이가 태어났어요. 세쌍둥이가 태어나는 일은 보기 힘든 일이라 마을 사람들이 모두 축하해 주었어요. 놀랍게도 같은 해 바로 뒷집에 또 세쌍둥이가 태어났어요. 마을 사람들은 신기해하며 또 축하해 주었지요.

두 집의 세쌍둥이들이 하는 행동은 서로 달랐어요. 앞집의 세쌍둥이는 무엇이든 제가 더 많이 갖겠다고 싸우기 일쑤였지요. 먹을 것이라도 생기는 날이면 조용할 날이 없었어요.

"내가 형이니까 더 많이 먹을 거야."

"쳇, 그래 봐야 몇 분 먼저 태어난 거잖아. 그럴 순 없어."

앞집 세쌍둥이의 부모는 늘 머리가 아팠어요. 뒷집의 세쌍둥이는 항상 사이좋게 지냈어요. 하루는 앞집 엄마가 뒷집 쌍둥이들을 초대했어요. 쌍둥이들이 어떻게 사이좋게 지내는지 궁금했기 때문이에요. 앞집 엄마는 두 집의 쌍둥이들에게 각각 6개의 사과를 주었어요. 그러자 앞집의 쌍둥이들은 곧바로 다투기 시작했어요.

"자, 난 세 개를 가질 테니까 나머지는 너희들끼리 나눠 먹어."

욕심 많은 첫째가 덥석 세 개를 집었어요. 그러자 둘째가 두 개를 집으며 말했어요.

"그럼 둘째인 내가 두 개를 가질 거야."

그러자 사과는 한 개밖에 남지 않았어요. 사과를 한 개밖에 먹지 못하게 된 막내는 화를 내며 울기 시작했지요.

"나도 더 달란 말이야."

그러자 첫째와 둘째는 서로 자기 것을 주지 않으려고 다투기 시작했어요. 이에 반해 뒷집의 쌍둥이들은 조용히 두 개씩 나누어 자기 몫을 가졌어요.

"이렇게 하면 서로 똑같이 나누었으니까 문제없겠지?"

그 모습을 본 앞집 엄마는 고개를 끄덕였어요.

'그래. 뒷집 쌍둥이들은 늘 서로 똑같이 나누어 먹으니까 문제가 없는 거였어. 그런데 하나를 모자라게 주면 어떻게 될까?'

이번에는 앞집 엄마가 두 집의 쌍둥이들에게 각각 2개의 빵을 주었어요. 앞집 쌍둥이들은 하나씩 나눠 갖기엔 모자란 빵을 놓고 역시 서로 다투기 시작했어요.

"네가 동생이니까 먹지 마. 형인 내가 더 먹어야지."

"그런 게 어디 있어? 형이 동생한테 양보해 줘야지."

앞집 엄마는 뒷집 쌍둥이들이 이번에는 어떻게 할지 궁금했어요.

"한 개가 모자라네?"

"어떻게 하면 똑같이 나눌 수 있을까?"

세쌍둥이는 빵을 앞에 놓고 생각에 잠겼어요.
"6개일 때는 나누기 편했는데……."
그러자 첫째가 무릎을 치며 말했어요.
"바로 그거야."
뒷집의 세쌍둥이는 빵을 똑같이 나누어 사이좋게 먹었어요.
그 모습을 본 앞집 엄마는 한숨을 쉬며 말했어요.
"우리 아이들에게도 나눗셈을 가르쳐야겠군."

세쌍둥이는 어떻게 빵을 똑같이 나누었을까요?

사이좋은 뒷집 세쌍둥이는 어떻게 빵을 똑같이 나누었을까요? 2개의 빵을 셋이 똑같이 나누어 먹는 것은 쉽지 않아 보입니다. 세쌍둥이는 사과 여섯 개를 나누어 먹을 때처럼 빵을 여섯 조각으로 만들었어요. 2개를 각각 세 조각으로 나누어 모두 6조각으로 만들고 2조각씩 나누어 먹었지요.

앞집 세쌍둥이는 빵을 나눠 먹긴 했지만 똑같이 나누지 않았기 때문에 싸움이 일어났어요. 반대로 뒷집 세쌍둥이는 늘 똑같이 나누었기 때문에 사이좋게 지낼 수 있었지요. 이처럼 나눗셈은 어떤 것을 똑같이 나누려고 하는 데서 시작되었어요.

수가 적을 때는 쉽게 똑같이 나눌 수 있지만 많은 양을 똑같이 나눌 때는 어떻게 할까요? 일일이 세어 똑같이 나누려면 시간도 오래 걸리고 헷갈리겠죠? 그래서 나눗셈을 계산할 때는 흔히 곱셈을 이용해요. 3개씩 2묶음이면 6이 되고, 6을 3개씩 나누면 2묶음이 되지요. 이 두 문장은 서로 다른 것 같지만 그림으로는 아래와 같이 똑같아요.

이처럼 나눗셈과 곱셈은 표현하는 식은 다르지만 같은 이야기예요. 6을 3으로 나누려고 할 때는 반대로 3에 얼마를 곱하면 6이 되는지 생각하면 됩니다.

세로로 식을 쓸 때
왜 나눗셈만 다르게 쓸까요?

$$
\begin{array}{r} 18 \\ +3 \\ \hline 21 \end{array}
\qquad
\begin{array}{r} 8 \\ 3\overline{)24} \\ 24 \\ \hline 0 \end{array}
$$

    우리가 덧셈, 뺄셈, 곱셈을 세로로 계산할 때는 자리를 맞춰 수를 쓰고, 그 아래 계산 과정을 쓴 뒤에 답을 맨 아래에 쓰지요. 그런데 나눗셈을 세로로 계산할 때는 모양이 좀 달라요. 나눌 수를 지붕처럼 생긴 틀 안에 넣고, 그 아래에 계산 과정을 쓰고, 답은 맨 위에 쓰지요.

    덧셈, 뺄셈, 곱셈은 아랫자리부터 계산해 나가지만 나눗셈은 윗자리부터 계산하기 때문이에요.

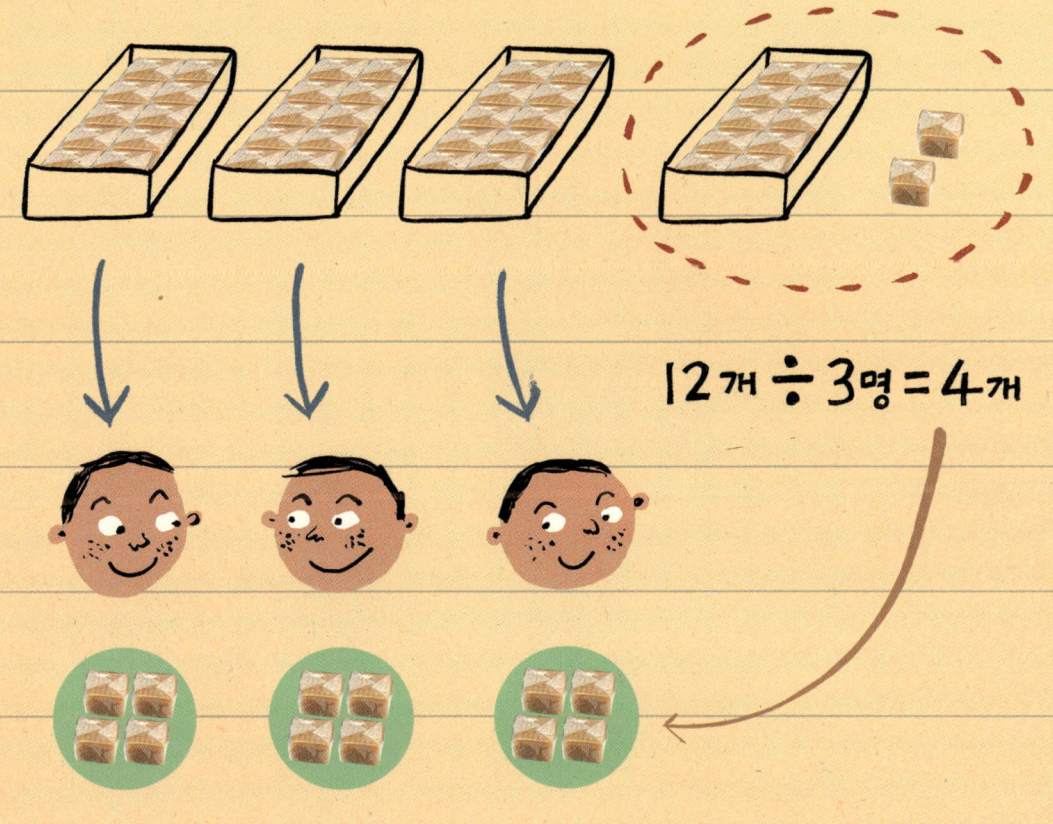

　한 통에 열 개씩 든 캐러멜 4통과 낱개 2개(모두 합해 42개)를 세 명이 나누어 먹으려고 할 때에 낱개부터 나누는 것보다 통을 먼저 나누는 것이 더 편해요. 셋이 한 통씩 나누어 갖고 나머지 한 통의 10개와 낱개 2개, 즉 12개를 4개씩 나누어 가지면 되지요. 이처럼 나눗셈은 윗자리부터 나누는 것이 편리하기 때문에 그것에 맞추어 다른 모양으로 식을 쓰게 된 거예요.

13 세상에서 가장 오래된 수학 문제

102

지금으로부터 약 4000년 전의 이집트로 거슬러 올라가 볼까요?

이집트의 한 여인이 사과 두 개를 앞에 놓고 고민에 빠졌어요.

'우리 식구는 모두 다섯인데 이 사과를 똑같이 나누어 먹으려면 도대체 어떻게 잘라야 할까?'

두 개의 사과를 각각 반으로 자르면 한 사람이 먹을 수 없고, 그렇다고 한 개는 반으로 자르고, 다른 한 개를 세 개로 자르면 크기가 서로 달라 작은 것을 먹은 사람이 서운해할 것 같았거든요. 여인은 사과를 앞에 놓고 고민만 할 뿐 쉽게 사과를 자를 수 없었어요.

"엄마, 이제 먹으면 안 돼요?"

아이들은 조르기 시작했어요. 그때, 수학자인 남편이 들어왔어요.

"아니, 왜 과일을 먹지 않고 바라만 보고 있는 거요?"

그러자 아내는 고민을 털어놓았어요. 남편도 한참 사과를 바라보더니 무릎을 치며 말했어요.

"이렇게 하면 어떻겠소?"

남편은 두 개의 사과를 각각 셋으로 잘라 모두 여섯 조각을 만들었어요. 그리고 다섯 식구가 모두 한 조각씩 먹었지요. 그러자 한 조각이 남았겠지요?

"이건 제가 먹을래요."

아이들은 남은 한 조각을 서로 먹고 싶어 침을 꼴깍 삼켰어요. 수학자

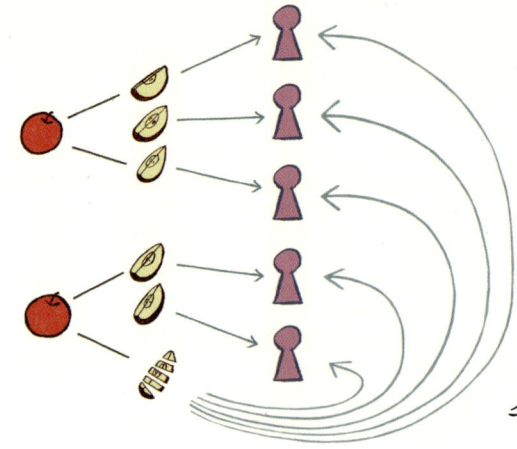

는 남은 사과 조각을 다시 다섯 개로 똑같이 나누어 식구들에게 나누어 주었어요. 식구들은 모두 만족스럽게 잠자리에 들었지만 남편은 생각을 멈출 수가 없었어요.

"음, 오늘 먹은 사과를 수로 나타내려면 어떻게 표시해야 할까? 사과 다섯 개를 다섯 식구가 나누어 먹었다면 한 개씩 먹었으니 1로 쓰면 돼. 하지만 이렇게 한 개를 여럿으로 나누었을 땐 어떤 수로 써야 하지? 여럿이 나누어 먹었으니 1개를 먹었다고 할 수도 없고……. 그냥 1조각을 먹었다고 할까? 아니야, 그러면 둘로 나눴을 때의 한 조각과 셋으로 나눴을 때의 한 조각을 똑같이 쓰게 되니까 불공평해."

결국 수학자는 전체를 둘로 나눈 것 중의 하나, 전체를 셋으로 나눈 것 중의 하나, 전체를 넷으로 나눈 것 중의 하나를 나타내는 기호를 만들었어요.

분수는 이집트 사람들이 나눗셈을 하면서 사용되기 시작했어요. 거대하고 불가사의한 피라미드를 세웠던 고대 이집트는 수학, 천문학, 기하학 등 여러 학문이 발달한 사회였어요. 이집트 사람들은 이런 것들을 파피루스에 기록했지요. 파피루스는 고대 이집트 사람들이 사용하던 종이예요. 기원전 1650년경에 아메스라는 사람은 파피루스에 여러 수학적 기록을 남겼는데, 이것이 세계 최초의 수학책이랍니다. 바로 이 수학책에 위 이야기에서 수학자가 고민했던 문제가 나와 있어요.

문제는 다음과 같아요.

'2를 5로 나누면?'

이외에도 '2를 7로 나누면?', '2를 9로 나누면?'과 같은 수학 문제가 적혀 있답니다. 이집트의 수학자가 가족과 나누어 먹은 사과를 분수로는 어떻게 나타낼 수 있을까요?

이집트 사람들은
2÷5를 어떻게 계산했을까요?

수학자가 사과를 나눈 것을 생각해 보면 쉽게 알 수 있어요.

사과 2개를 다섯 사람이 나누어 먹는 것은 '2÷5'로 쓸 수 있어요. 식구들이 각각 먹은 사과의 양을 그림으로 나타내면 다음과 같아요.

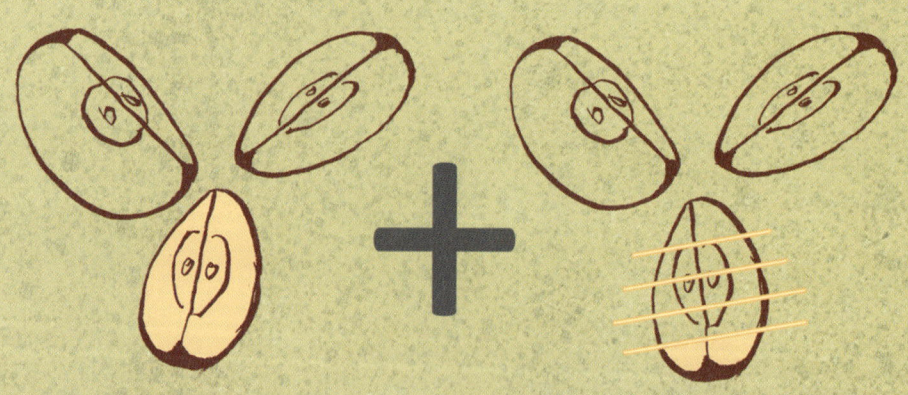

식으로는

$$2÷5 = \frac{1}{3} + \frac{1}{15}$$ 로 나타낼 수 있어요.

이집트 사람들은 여럿이 똑같이 나누기 위해 분수를 사용했어요.

분수에서는 선 아래에 몇으로 나누었는지를 쓰고, 이를 분모라고 해요. 선 위에는 나눈 것 중에 몇인지를 쓰고, 분자라고 하지요. 사과 하나를 반으로 나누었을 때의 한 조각은 '둘로 나눈 것 중의 하나'이므로 '$\frac{1}{2}$'이라고 쓰고, '이분의 일'이라고 읽어요.

분수의 크기를 비교하려면?

네모난 떡을 다섯 개로 자른 것 중에 한 조각과 두 조각은 각각 다음과 같이 나타낼 수 있어요.

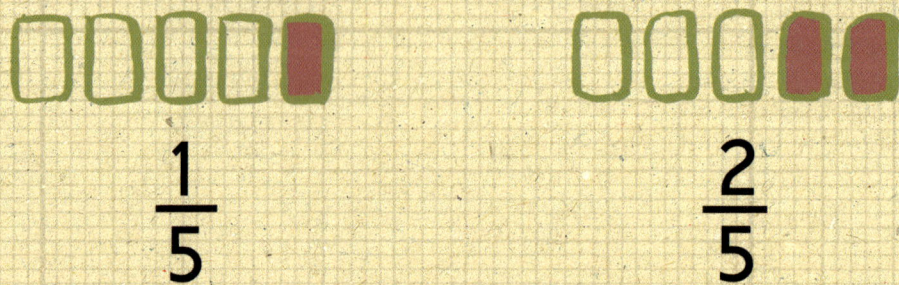

두 개의 크기는 쉽게 비교할 수 있지요. 이처럼 똑같이 나누었을 때에 분자가 큰 것이 더 큰 수예요.

$\frac{2}{7}$와 $\frac{1}{4}$은 어떨까요? 나누는 수가 서로 달라서 크기를 비교하기가 어렵지요?

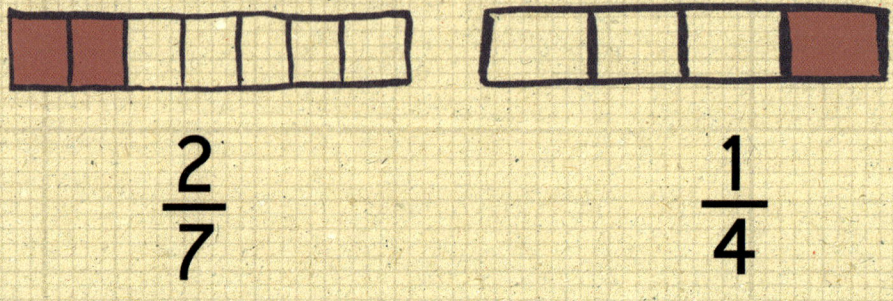

이럴 때는 다음과 같이 나누는 수를 똑같이 맞추어 공통의 기준을 만들어 주어야 해요.

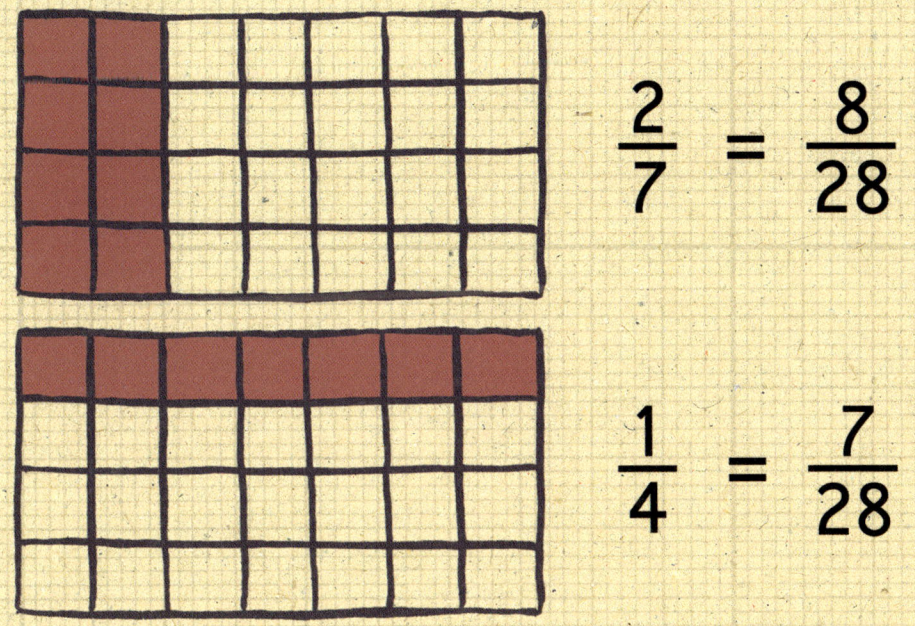

두 그림의 칸 수를 세어 보세요. 28개로 나누는 수가 똑같아졌지요? 전체를 똑같이 28개로 나누면 $\frac{2}{7}$는 $\frac{8}{28}$로, $\frac{1}{4}$은 $\frac{7}{28}$로 나타낼 수 있어요. 기준이 같아지면 28개로 나눈 것 중에 7개와 8개를 비교하면 되니까 크기를 쉽게 비교할 수 있지요.

이처럼 서로 다른 분수의 분모를 같게 만들어 주는 것을 통분이라고 해요. 분모 7과 분모 4를 똑같이 만들어 주려면 7과 4의 최소 공배수인 28을 분모로 만들고, 그에 따라 분자도 바꾸어 크기를 비교하면 됩니다.

14 기호만 봐도 머리가 아파요

"으악!"

민호는 깜짝 놀라 잠에서 깼어요. 민호는 이마에 식은땀까지 흘렸어요. 펼쳐 놓은 수학책에도 축축하게 땀이 배어 있었지요.

'후유, 수학 문제를 풀다가 잠이 들었구나.'

외계인이 나타나 민호에게 어려운 수학 문제를 내는 꿈을 꾸었거든요. 민호는 도저히 답을 알 수가 없어 우물거렸어요.

"그러니까 답은……, 답은……."

민호가 답을 맞히지 못하자 외계인은 민호에게 표창을 날리기 시작했어요. 표창들은 모두 +, −, ×, ÷처럼 수학 기호의 모양이었어요. 표창들이 민호를 향해 씽 날아오는 순간 다행히 잠에서 깼어요.

그 모습을 본 엄마가 한숨을 쉬며 말했어요.

"우리 민호는 수학책만 보면 잠이 오는 모양이구나."

"열심히 하려고 하는데 수학책만 보면 눈이 저절로 감겨요. 숫자들이며 이상한 기호, 복잡한 그림들이 잔뜩 그려져 있잖아요. 다른 책들처럼 친절하게 말로 설명해 주면 얼마나 좋을까요?"

민호의 말에 엄마는 웃으며 대답했어요.

"정말 그렇게 생각하니? 그럼 타임머신을 타고 500년 전으로 돌아가면 되겠구나."

"그때는 수학에 복잡한 기호들을 사용하지 않았어요?"

"옛날 수학책에는 문제나 풀이가 전부 문장으로 되어 있어. 민호야, 네가 푼 문제를 수학 기호가 없었다면 어떻게 썼을 것 같니?"

"음, '8에 5를 곱하고, 거기에 다시 80을 더한 다음 20을 빼면 100이 된다.' 이렇게 쓰지 않았을까요?"

"맞아. 기호가 없던 시절에는 수학 문제를 일일이 말로 썼어. 하지만 기호로 나타내면 '8×5+80-20=100'이라고 간단하게 쓰고 읽을 수 있지. 예를 들어 날씨를 나타낼 때에 '오늘은 조금 흐리지만, 비는 오지 않습니다.'라고 문장으로 쓰는 것보다 구름 모양으로 나타내면 훨씬 간단하지 않겠니? 이처럼 기호는 우리가 보고 쓰기에 편리하도록

8에 5를 곱하고, 거기에 다시 80을 더한 다음 20을 빼면 100이 된다.

$8 \times 5 + 80 - 20 = 100$

만들어진 거야. 문장으로 수학 문제와 풀이를 쓰면 길고 귀찮을 뿐 아니라, 한눈에 들어오지 않아 계산하기도 어려웠지. 복잡한 문제는 내는 데만 한 페이지 내내 설명해야 할걸? 그럼 문제를 이해하는 데에도 시간이 오래 걸릴 거야. 복잡하고 긴 계산을 쉽게 할 수 있게 된 것은 기호의 역할이 커."

민호는 고개를 끄덕였어요.

"기호나 숫자를 복잡하다고만 생각했는데 오히려 그 반대였네요."

엄마가 웃으며 말했어요.

"그래도 옛날로 돌아가고 싶니? 옛날 수학책으로 공부하지 않게 된 것에 대해 수학자들에게 고마워하렴."

"수학자들이요?"

엄마 말을 듣고 보니 누가 기호를 만들었는지 궁금해졌어요.

"수학 기호는 하루아침에 만들어진 게 아니야. 수학이 발전하면서 오랫동안 사람들이 연구한 끝에 한 가지씩 만들어 낸 거란다. 수학 숙제를 마치면 엄마가 기호 이야기를 들려줄게."

민호는 수학 숙제를 마저 끝내려고 다시 책을 보았어요. 숫자와 기호들이 왠지 예쁜 그림처럼 보였어요.

복잡해? 그럼 기호를 써!

똑같은 것을 여러 번 곱하는 거듭제곱은 식으로 간단히 쓰기가 어려웠어요. 같은 것이 여러 번 나오기 때문이죠. 거듭제곱을 나타내는 기호를 가장 먼저 만들어 쓴 사람은 지금으로부터 1800여 년 전에 살았던 그리스의 수학자 디오판토스예요. 수수께끼 같은 수학 문제를 만들어 풀기를 좋아했던 디오판토스는 복잡한 문제를 간단하게 하려고 기호를 만들어 쓰기 시작했어요.

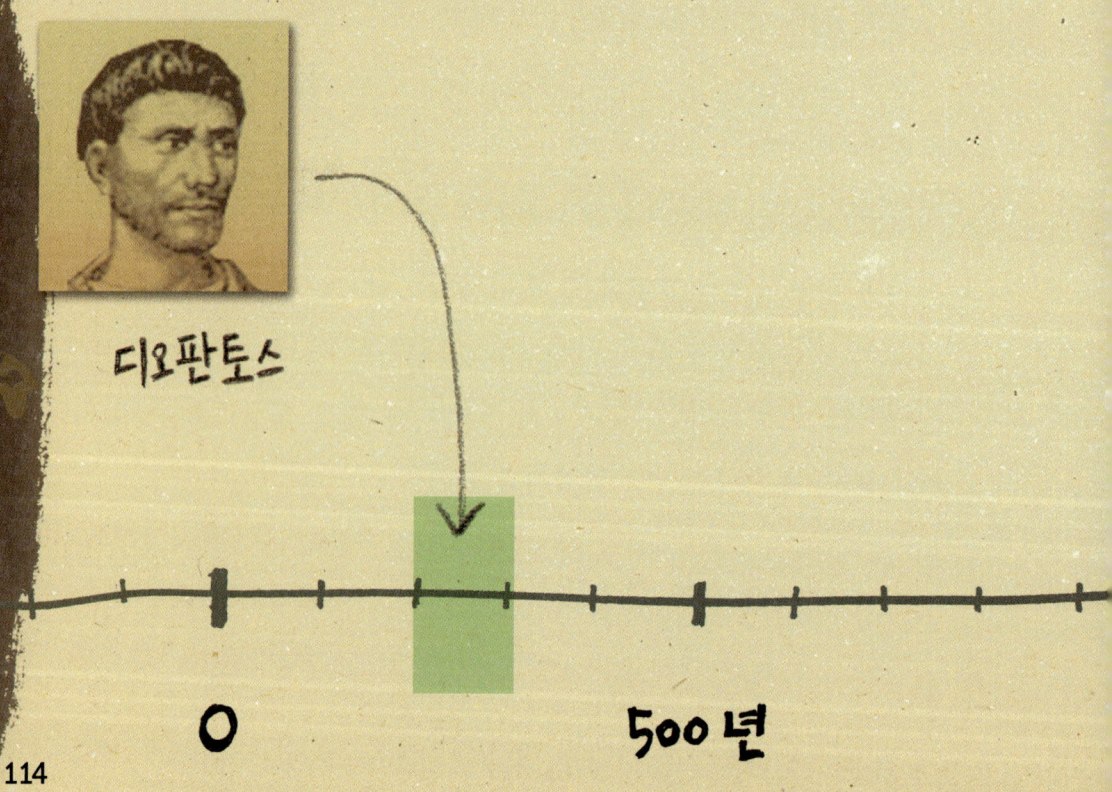

디오판토스

0   500년

　거듭제곱을 나타내는 기호를 비롯해 디오판토스가 만든 기호는 지금 우리가 쓰는 기호와는 많이 달라요. 그때는 아라비아 숫자도 생겨나기 전이었거든요. 우리가 그때 만들어진 수학책을 본다면 숫자도, 기호도 지금과 달라서 문제를 풀기가 어려울 거예요.

　디오판토스가 기호를 만든 뒤, 인도 사람들이 그와 비슷하게 기호를 만들어 쓰기 시작했어요. 그리스 사람들은 오히려 디오판토스의 기호를 사용하지 않았지요.

　그로부터 1000년 가까이 흐른 후에야 수학자들은 기호의 필요성을 깨달았어요. 그리고 디오판토스의 기호들을 다시 살펴보기 시작하면서 간단한 기호들을 만들어 낸 거예요. 우리가 지금 사용하는 기호들은 불과 300~500년 전에 만들어진 것들이랍니다.

지금의 기호가 만들어진 집

1500년　　　　　　　　2000년

수학 기호는 누가 만들었을까요?

수학 기호는 왜 ○, ☆, △, □ 같은 모양이 아니라 지금의 모양이 되었을까요?

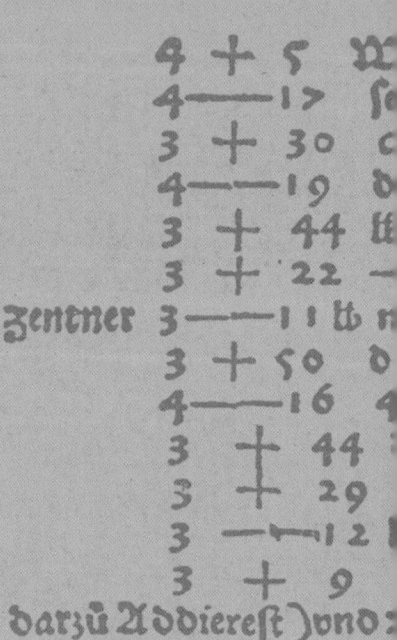

1489년 보헤미아의 수학자 비트만이 쓴 책에 남는 것이나 모자라는 것을 나타내기 위해 처음 쓰였어요.
+는 '~와'라는 뜻의 라틴 어 'et'를 생략해 가는 과정에서, -는 '빼기'라는 뜻의 라틴 어 'minus' 중 앞 글자 m을 빨리 쓰다가 이렇게 바뀌었다고 해요.

1557년 영국의 수학자 레코드가 〈지혜의 숫돌〉이란 책에서 처음 썼어요. '서로 평행한 두 직선만큼 같은 것은 없다.'는 뜻에서 만들었다고 해요. 처음에는 지금보다 선을 더 길게 그렸답니다.

1631년 영국의 수학자 오트레드가 성안드레 십자가를 곱셈 기호로 처음 사용했어요. 처음에는 잘 모르는 수를 나타내는 영문자 'x'와 비슷해서 잘 사용하지 않다가 2백 년이 지난 후에야 널리 쓰였어요.

1659년 스위스의 수학자 란이 처음 사용했는데, 10년 후 영국의 수학자 펠이 널리 알리면서 사용되기 시작했어요. 나눗셈 기호는 비율을 나타내는 기호 ':'에서 비롯되었다고 해요.

15 살아남기 위한 매미의 수학 계산

"맴맴, 맴."

하늘이는 여름 방학을 맞아 가족과 함께 캠핑을 갔어요. 동생은 물놀이를 하느라 정신이 없는데, 하늘이는 나무 옆에서 매미만 보고 있었어요.

"하늘아, 물놀이 안 하니?"

"매미 좀 보고요."

아빠가 몸의 물기를 닦으며 하늘이에게 다가왔어요.

"우리 하늘이가 곤충에 관심이 많은가 보구나."

"사실은 곤충을 관찰해서 그림도 그리고 조사하는 방학 숙제가 있거든요. 한 마리를 잡아 집으로 가져갈까 고민 중이에요."

하늘이 곁에서 함께 매미를 지켜보던 아빠가 걱정스러운 얼굴로 말했어요.

"집으로 가져가면 매미가 불쌍하지 않을까? 매미가 땅 위로 나오기 위해서 오랜 시간을 땅속에서 보낸다는 걸 알고 있니?"

그러자 하늘이는 미리 조사라도 한 듯이 자신 있게 대답했어요.

"그럼요. 매미는 알에서 태어나 애벌레일 때에 땅속으로 들어가 아주 오랜 동안 살다가 땅 위로 나오잖아요. 땅 위에 나와 노래를 하고 살아가는 시간은 한 달 정도밖에 되지 않고요."

"하늘이가 공부를 많이 한 모양이구나. 그렇게 오랜 시간을 땅속에서 살다가 세상에 힘들게 나왔는데 하늘이에게 잡히는 매미는 억울하겠구나. 매미는 살아남기 위해 수학적 원리까지 이용하는데 말이야."

"매미가 수학을 하다니요?"

하늘이는 깜짝 놀라 아빠에게 되물었어요. 곤충인 매미가 수학을 한다는 말은 처음 들었거든요.

"알에서 태어난 매미가 다 자라 세상에 나오기까지 걸리는 시간은 매미의 종류마다 조금씩 달라. 어떤 종류는 5년, 어떤 종류는 13년, 또 어떤 종류는 17년 정도가 걸린단다. 그런데 5, 13, 17과 같은 수들에는 공통점이 있어. 바로 1과 그 수 자신 외에는 나누어떨어지는 자연수가 없다는 거야. 수학에서는 이런 수를 '소수'라고 해. 예를 들어 4는 $2 \times 2 = 4$로, 2로 나누어떨어지지. 하지만 5는 1과 5 말고는 나누어떨어지는 수가 없어. 바꾸어 말하면 5는 1 외에는 어떤 수의 배수도 되지 않는 수지."

"그게 매미가 살아남는 것과 무슨 관련이 있어요?"

"자기를 잡아먹는 천적이나 먹이 경쟁을 해야 하는 다른 종류의 매미들과 덜 만나려고 소수를 이용하는 거야. 매미가 6년마다 세상에 나오면 어떨까? 6은 2의 배수이기도 하고, 3의 배수이기도 해. 그러니까 2년이나 3년마다 어른이 되는 곤충들과 만나게 되겠지? 하지만 7년마다 세상에 나오면 어떨까? 7은 1 말고는 2나 3 어떤 수의 배수도 되지 않아. 따라서 2년이나 3년 등을 주기로 하는 다른 적이나 경쟁

자들과 덜 부딪치게 된단다."

"와, 정말 신기하네요."

아빠는 빙그레 웃으며 대답했어요.

"물론 매미가 머리가 좋아서 소수를 계산해 낸다고 볼 순 없어. 살아남기 위해 본능적으로 깨닫게 된 거겠지."

하늘이는 매미의 삶 속에도 수학적 원리가 숨어 있다는 게 마냥 신기하기만 했지요.

"5나 7 말고 다른 소수에는 어떤 것들이 있어요?"

그러자 아빠는 매미를 가리키며 말했어요.

"이제 매미를 잡을 마음은 사라진 것 같은데, 우선 매미를 관찰하는 숙제부터 끝내렴. 그럼 소수를 구하는 체에 대해 알려 주마."

소수를 구하는 체라니, 체로 거르면 숫자들이 우수수 쏟아지기라도 하는 걸까요?

소수를 구하는 체는 어떻게 만들까요?

 소수는 1과 그 수 자신 외에는 나누어떨어지는 자연수가 없는 이상하고 재미난 수예요. 옛날부터 수학자들은 소수에는 어떤 것들이 있는지 궁금해했어요. 5나 7과 같은 작은 수들은 소수인지 금방 계산해 낼 수 있었어요. 하지만 자릿수가 커지면 일일이 나누어떨어지는 수가 있는지 없는지 계산기가 힘들고, 시간도 아주 오래 걸렸지요.

 소수를 구하는 방법을 연구하던 그리스의 수학자 에라토스테네스는 다음과 같은 방법을 알아냈어요. 나누어떨어지는 수가 없다는 것은 어떤 수의 배수도 되지 않는다는 뜻이에요. 4나 6, 8처럼 2의 배수라면 2로

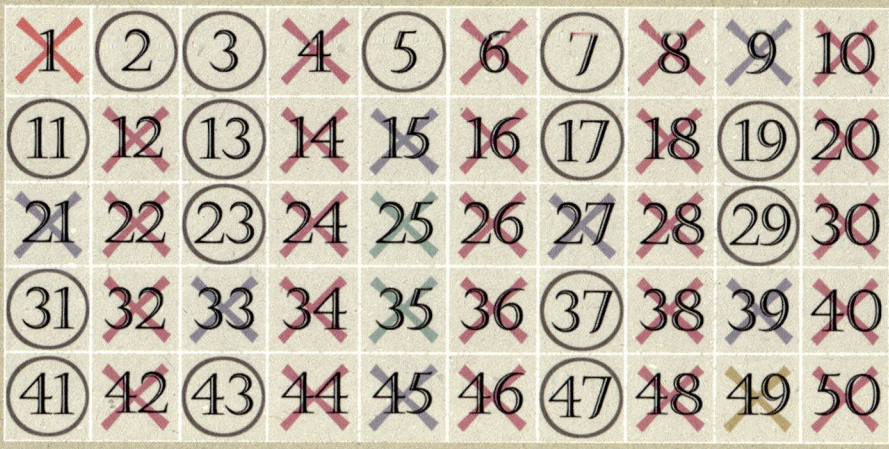

나누어떨어질 테니까요. 그는 다음과 같은 방법을 이용해 소수를 구했어요.

우선 숫자들을 차례대로 써요. 그리고 1을 지워요. 1은 나누어 떨어지는 수가 1 하나뿐이므로 소수가 아니에요. 그 다음 수인 2를 남기고, 2의 배수를 모두 지워요. 다음엔 3을 남기고, 3의 배수를 모두 지우지요. 또 다음 수인 5를 남기고, 5의 배수를 모두 지우고, ……. 이런 식으로 배수들을 지워 나가면 결국 소수만 남아요. 이렇게 소수를 찾는 방법을 '에라토스테네스의 체'라고 합니다.

소수는 어디에 쓰일까요?

소수는 숫자가 커질수록 나타나는 횟수가 줄어들어요. 하지만 수가 끝이 없듯이 소수도 그 끝이 없다고 해요. 2008년에 발견된 소수는 자릿수만 1천 300만 자리가 넘고, 이 숫자를 풀어 쓰는 데만 10주가 넘게 걸릴 정도랍니다.

이처럼 큰 소수는 계산하기 어렵기 때문에 정보를 보호하는 암호에 주로 쓰여요. 저금통장의 비밀번호, 인터넷에서 사용되는 암호 등 다양하게 이용되지요. 아주 큰 소수는 금융이나 통신 산업, 군사 기밀 등 중요한 정보를 지킬 때에 사용합니다.

요즘은 컴퓨터를 사용하면 수십

자릿수의 수는 금방 풀 수 있어요. 하지만 아주 큰 두 소수를 곱하고, 그 수가 어떤 두 소수의 곱인지 알아내야 암호가 풀린다면 어떨까요? 큰 소수를 찾는 것도 어려운데, 곱해진 두 소수를 찾아내는 것은 훨씬 더 어렵겠지요. 또 몇 년이 걸려 암호를 푼다고 해도 그때는 이미 소용없는 일이 되어 있지 않을까요?

오늘날에도 수학자들은 좀 더 큰 소수를 찾기 위해 노력하고 있답니다. 숫자가 커질수록 계산하기가 힘들고 오래 걸리기 때문이에요.

16 신이 내린 완벽한 수

어느 날 그리스 최초의 철학자이자 수학자였던 탈레스가 길을 가고 있었어요. 그런데 한 소년이 그의 눈길을 끌었지요. 소년은 장작 더미를 지고 있었는데, 장작을 쌓아 올린 모양이 다른 사람들과 달랐어요. 탈레스는 소년을 불렀어요.

"얘야, 장작을 쌓은 모양이 아주

재미있구나. 날 위해서 네가 장작을 쌓는 모습을 보여 줄 수 있겠니?"

소년은 잠시 망설이더니 고개를 끄덕였어요. 그리고 장작을 바닥에 모두 풀어 놓고 원래대로 다시 쌓기 시작했지요. 탈레스는 소년이 장작을 쌓는 모습을 보고 깜짝 놀랐어요.

탈레스

피타고라스

'저 소년은 장작을 가장 쉽고 튼튼하게 쌓는 방법을 알고 있구나! 작은 일처럼 보이지만 남들과는 다르게 생각하고 만들어 내는 걸 보니 천재적인 아이가 틀림없어.'

탈레스는 소년에게 자기 밑에서 공부해 보지 않겠느냐고 물었어요. 소년은 탈레스 밑에서 열심히 공부하여 훌륭한 학자가 되었어요. 그가 바로 피타고라스예요.

피타고라스는 학문이 발달했던 이집트, 바빌로니아 등의 나라를 돌아다니며 여러 학문을 배우고 익혔어요. 그리고 나중에 이탈리아로 가서 '피타고라스 학교'를 세웠는데, 수많은 사람들이 찾아왔어요.

"이 세계의 바탕이 수라는 것을 믿는가?"

피타고라스가 제자가 되려고 찾아온 청년에게 물었어요.

"네, 스승님."

"그래, 이 세상은 모두 수로 이루어져 있다네. 아름다운 음악도 수로 이루어져 있지. 한 악기 줄의 길이가 다른 줄보다 2배 길다면 음은 한 옥타브가 낮아지지. 자, 이제 피타고라스 학파의 한 사람이 되었으니, 열심히 연구하고 규칙을 잘 지키도록 하게."

피타고라스 학파의 사람들은 오로지 연구에만 몰두하며 엄격한 생활을 했어요. 이 학파의 사람들은 많은 연구 업적을 남겼는데, 특히 수에 관한 연구를 중요하게 생각했지요. 피타고라스 학파의 사람들은 흔히 콩을 가지고 숫자를 계산하곤 했는데, 그 때문에 콩을 먹지 못하게 할 정도였답니다.

어느 날 피타고라스 학파 사람들은 약수에 대해 연구하고 있었어요. 사람들은 콩을 늘어놓으며 약수를 연구하기 시작했지요.

"6은 2로 나누면 3으로 나누어떨어지고, 3으로 나누면 2로 나누어떨어지지. 이렇게 다른 수를 나머지 없이 나눌 수 있는 수를 약수라고 하네. 이런 약수에도 뭔가 법칙이 있지 않을까?"

1의 약수는 1
2의 약수는 1, 2
3의 약수는 1, 3
4의 약수는 1, 2, 4

5의 약수는 1, 5

6의 약수는 1, 2, 3, 6

⋮
⋮

한 제자가 먼저 말을 꺼냈어요.

"1은 모든 수의 약수입니다."

"어떤 수든지 간에 그 수는 자기 자신의 약수가 되지요. 5는 5의 약수이고, 6은 6의 약수인 것처럼요."

"그래, 그렇지. 그것 말고 뭔가 신비로운 법칙은 없을까?"

그러던 중 사람들은 정말 놀라운 수를 발견했어요. 모두 입을 모아 말했어요.

"6은 정말 완벽해. 신이 내린 수야!"

피타고라스 학파의 사람들이 발견한 것은 무엇이었을까요?

6을 왜 완벽한 수라고 했을까요?

6의 약수는 1, 2, 3, 6이에요. 재미있는 것은 자기 자신인 6을 빼고 나머지 약수를 더하면 원래의 수인 6이 된다는 거예요. 이와 같은 수를 '완전수'라고 불러요. 그리스 사람들은 28도 완전수라는 것을 알아냈지요. 28의 약수 중에서 자기 자신인 28을 빼고 나머지 약수 1, 2, 4, 7, 14를 모두 더하면 28이 되지요. 496, 8128과 같은 완전수들도 찾아냈어요.

완전수에 대해 연구한 결과, 또 다른 규칙도 찾아냈어요.

$6 = 1+2+3$

$28 = 1+2+3+4+5+6+7$

$496 = 1+2+3+4+5+6+7+8+9+ \cdots\cdots +30+31$

$8128 = 1+2+3+4+5+6+7+8+9+ \cdots\cdots +126+127$

완전수들 사이에 어떤 규칙이 있는지 찾았나요? 완전수는 항상 1부터 시작하여 연속되는 수의 합으로 나타난다는 규칙이 있지요.

그리스 사람들이 찾은 완전수는 이렇게 네 개예요. 다섯 번째 완전수는 한참 후에야 밝혀졌는데 33550336이라는 아주 큰 수랍니다. 이렇게 큰 수를 사람의 손으로 직접 계산해 찾아냈다니 놀라운 일이지요? 지금은 컴퓨터를 이용해서 완전수를 찾아요.

28

1+2+4+7+14 = **28**

1+2+3+4+5+6+7 = **28**

496

1+2+4+8+16+31+62+124+248 = **496**

1+2+3+4+5+6+7+8+9+10+11+12+13+14+15+16+17+18+19+20+21+22+23+24+25+26+27+28+29+30+31 = **496**

약수 때문에 생겨난 수

피타고라스 학파는 완전수와 약수를 이용하여 여러 가지 재미있는 수들을 찾았어요.

친화수

친화수는 한 쌍으로 이루어져요. △와 □라는 수가 있을 때에 자기 자신을 빼고 약수들을 모두 더하면 △의 약수의 합은 □가 되고, □의 약수의 합은 △가 되는 경우, 이 두 수를 친화수라고 해요. 예를 들면 220과 284는 친화수예요.

220의 약수는 1, 2, 4, 5, 10, 11, 20, 22, 44, 55, 110, 220이에요. 이 중에서 자기 자신인 220을 빼고 나머지 약수를 더하면 284가 되지요. 또, 284의 약수는 1, 2, 4, 71, 142, 284예요. 이 중에서 자기 자신인 284를 빼고 나머지 약수를 더하면 220이 됩니다.

부족수와 과잉수

완전수와 달리 자기 자신을 뺀 약수를 모두 더했을 때에 자기 자신보다 작은 수가 나오면 부족수라고 불렀어요. 8의 약수는 1, 2, 4, 8로 자기 자신인 8을 빼고 모두 더하면 7이 되지요. 7은 원래 수인 8보다 작으므로 부족수예요.

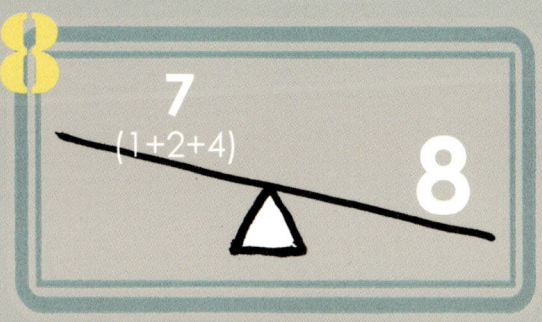

똑같은 방법으로 약수를 더해 자기 자신보다 큰 수가 나오면 과잉수라고 불렀어요. 12의 약수는 1, 2, 3, 4, 6, 12이지요. 이 중에 12를 빼고 나머지 수를 모두 더하면 16이 됩니다. 16은 12보다 크므로 과잉수가 되지요.

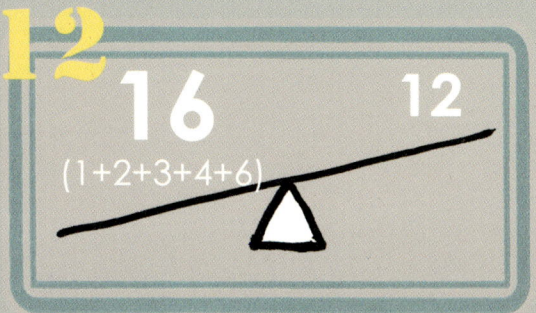

17 영원히 변하지 않는 것을 찾아라!

"우리에게 빵을 달라."

약 220년 전, 프랑스에 아주 큰 사건이 일어났어요. 파리 시민들이 시내를 행진하며 왕과 왕비가 있는 베르사유 궁전으로 몰려가기 시작했지요. 당시 프랑스는 왕이 다스리는 나라였어요. 나라 경제는 어려움에 빠졌는데 왕과 귀족들은 아주 넓은 토지를 차지하고 호화로운 생활을 했어요. 나라를 제대로 다스리지 않고 오로지 세금을 걷는 일에만 신경을 썼지요. 국민 대부분은 가난과 엄청난 세금에 시달리면서도 정치에 참여할 권리조차 없었어요. 참다못한 국민들이 들고 일어났는데, 이것이 바로 유명한 프랑스 대혁명이에요. 결국 왕은 자리에서 쫓겨나 죽고, 새로운 정부가 세워졌어요.

새로운 정부는 새로운 시대에 맞는 제도들을 만들었어요. 그중에서도 길이, 부피, 무게 등의 단위를 재는 법을 고치는 일이 중요했어요. 당시 사람들은 물건의 길이나 무게를 잴 때에 저마다 기준이 달랐어요. 그래서 세금을 걷거나 물건을 팔 때에 아주 복잡하고 불편했지요. 그 당시 프랑스에서 사용되던 단위는 마을마다 달라서 그 종류만 25만 개에 달했답니다.

'정확한 기준이 있어야 모두가 편해지고 나라의 틀이 잡힐 텐데…….'

프랑스의 정치가들은 고민에 빠졌어요. 그리고 학자들에게 임무를 주었지요.

"절대로 변하지 않는 것, 미래에도 영원히 바뀌지 않을 것을 찾아 물건을 재는 기준으로 정하세요."

1791년, 프랑스 전국의 학자들이 모여 회의를 열었어요.

"자, 의견을 말해 봅시다. 영원히 변하지 않는 것에는 무엇이 있을까요?"

"태양과 달이 있지요."

한 과학자가 말했어요.

"태양과 달은 직접 잴 수도 없지 않소? 또 위치나 모양이 변하기 때문에 기준으로는 적당하지 않아요."

과학자들은 많은 의견을 말했지만 영원히 변하지 않는 기준을 찾는 것은 쉬운 일이 아니었어요. 그때 한 과학자가 말했어요.

"지구는 어떨까요?"

과학자들이 술렁이기 시작했어요.

"그래요. 우리가 살고 있는 지구의 크기는 언제나 그대로이지요."

과학자들은 회의 끝에 북극에서 프랑스를 지나 적도까지의 거리를 재고, 그 길이의 1000만 분의 1을 기본 단위로 하자는 결론을 내렸어요. 북극에서 적도까지의 거리를 재기 위해서는 프랑스뿐만 아니라 다른 여러 나라의 도움을 얻어 거리를 재고 계산해야 했어요. 7년 만에 프랑스의 과학자들은 거리를 재는 데 성공했어요. 그리고 1000만 분의 1에 해당하는 길이도 계산해 냈어요.

"바로 이거야!"

연구에 참여했던 과학자는 백금과 이리듐을 섞어 기준이 될 길이의 막대를 만들었어요. 온도에 따라 금속의 길이가 늘거나 줄기 때문에 그 변화가 적은 금속을 골라 막대를 만든 거예요. 프랑스 사람들은 이 막대의 길이를 1m라고 정했어요. 이제 어떤 것도 이 막대의 길이를 기준으로 잴 수 있게 된 것이지요.

길이가 변하지 않는 막대를 만드는 일이 왜 중요했을까요?

길이나 무게를 숫자로 나타낼 때에 기초가 되는 기준을 '단위'라고 해요. 옛날 사람들은 신체의 일부를 기준으로 길이를 재었어요. 그런데 신체의 크기는 사람마다 다르기 때문에 정확한 길이를 알 수가 없었어요. 나라마다 단위도 달랐어요. 무역을 할 때는 서로 기준이 달라서 복잡했지요.

프랑스 사람들은 프랑스는 물론 세계에서 함께 사용할 기준을 마련하고 싶었던 거예요. 1872년 세계 각국의 대표들은 단위를 통일하기 위해 프랑스 파리에 모였어요. 그리고 세계 여러 나라의 단위들을 비교한 끝에 이 '미터법'을 공통으로 사용하기로 결정했답니다.

하지만 사람들은 지구의 자오선의 길이도, 또 백금과 이리듐으로 만든 금속 막대의 길이도 조금씩 변한다는 것을 알게 되었어요. 그래서 조금 더 정확히 하려고 1983년에 1m를 '빛이 진공 상태에서 2억 9979만 2458분의 1초 동안 달려간 길이'로 바꾸었어요. 그런데 이 길이도 약 0.0000007mm 정도의 오차가 있다니, 영원히 변하지 않는 길이를 찾는 숙제는 아직도 끝나지 않았나 봐요.

나라마다 다양했던 길이의 단위에는 어떤 것들이 있을까요?

성경에 노아의 방주 이야기를 읽다 보면 배의 크기를 설명하는 부분에 '**큐빗**'이란 단위가 나와요. 큐빗은 고대 이집트와 바빌로니아 등지에서 쓰던 단위로, 팔꿈치에서 가운뎃손가락 끝까지의 길이를 나타내요.

영국의 '**인치**'와 우리나라의 '**치**'는 엄지손가락의 폭을 나타내요.

영국의 '**피트**'는 발뒤꿈치에서 엄지발가락 끝까지의 길이지요.

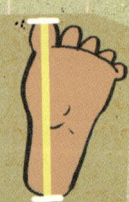

'**야드**'는 한 팔을 앞으로 쭉 뻗었을 때에 코끝에서 손끝까지의 거리를 나타낸답니다.

우리나라의 단위 중에 '**자**'는 약 33cm를 나타내요.

'**뼘**'은 손가락을 쫙 벌렸을 때에 엄지손가락에서 가장 먼 손가락 끝까지를 말하지요.

'**발**'은 양팔을 벌렸을 때에 한쪽 손끝에서 다른 쪽 손끝까지의 길이를 말해요.

 '**길**'은 어른 한 사람의 키를 나타내요. '열 길 물속은 알아도 한 길 사람 속은 모른다.'와 같은 속담에도 쓰이지요.

지금은 미얀마와 라이베리아, 미국을 뺀 모든 나라가 '미터'를 사용하고 있어요. 한번은 미국이 화성 기후 탐사를 위해 쏘아 올린 위성이 화성에 추락한 사건이 있었어요. 위성 제작과 발사를 맡은 기술자들 중에 한 팀이 '미터' 대신 '마일'을 사용해 거리를 계산했기 때문이었죠. 그 결과 위성의 원래 궤도와 90km나 차이가 생겼고, 결국 위성은 추락하고 말았습니다.

재훈이는 엄마와 함께 마트에 갔어요.

"드르륵."

카트를 밀며 엄마를 따라 장을 보기 시작했어요. 재미있는 텔레비전 프로그램노 마다하고 엄마와 함께 마트에 온 데에는 이유가 있지요. 노릇노릇 구워진 만두며 돈가스 같은 음식들을 시식할 수도 있고, 가끔은 재훈이가 좋아하는 간식을 사 주시거든요. 엄마는 반찬거리를 사고 간식 코너에 들어섰어요. 재훈이가 가장 좋아하는 코너지요.

"음, 날씨가 추워졌으니까 찐빵을 좀 살까?"

엄마는 포장된 찐빵을 카트에 넣었어요. 그런데 재훈이가 찐빵을 이리저리 살펴보더니 다른 찐빵으로 바꿔 담았어요.

"왜 그러니?"

"엄마가 담은 찐빵은 유통 기한이 내일까지예요. 그래서 유통 기한이 좀 더 남은 걸로 바꿨어요."

엄마는 그런 재훈이가 대견한 듯 웃으며 말했어요.

"재훈이가 이제 장보기의 도사가 다 됐구나. 그럼 오늘 장보기는 재훈이한테 맡겨 볼까?"

엄마는 살 물건들이 적힌 종이를 재훈이에게 주었어요. 재훈이는 유통 기한도 확인하고 가격도 비교하며 열심히 물건을 챙겼어요. 과자를 고를 때는 나쁜 성분이 들어가지는 않았는지도 살펴보았어요. 엄마는 재훈이가 하는 대로 지켜보며 따라갔지요. 그때 재훈이가 음료수 코너에서 고개를 갸웃거렸어요.

"재훈아, 왜 그러니?"

"같은 가격이면 양이 많이 든 것을 사려고요. 양은 비슷해 보이는데 어떤 것에는 1000mL라고 적혀 있고, 어떤 것에는 1L라고 적혀 있어요."

그러자 엄마는 웃으며 말했어요.

"그 둘은 같은 양의 음료수가 들어 있는 거야. 네가 좋아하는 걸로 고르면 되겠구나."

재훈이는 하나를 골라 넣고, 엄마와 함께 집으로 돌아왔어요. 사 온 물건들을 냉장고에 넣으며 물었어요.

"엄마, 음료수 말이에요. 아까 그 두 음료수는 같은 양이라면서 왜 다르게 표시하는 거예요?"

"액체를 재는 단위에는 kL(킬로리터), L(리터), dL(데시리터), mL(밀리리터) 등이 있어. 이 단위들은 액체의 양을 나타내지만 그 크기가 제각기 달라. 우리가 재야 할 길이나 양, 무게의 크기가 각각 다르기 때문이야.

예를 들어 작은 이쑤시개를 재는데 눈금이 1m 단위로 그어진 커다란 자밖에 없다면 이쑤시개의 길이를 정확히 잴 수 없겠지? 반대로 집에서 학교까지의 거리를 재는데 10cm짜리 자로 재야 한다면 너무 오래 걸리지 않을까? 또 약 38만 4400km인 지구에서 달까지의 거리를 cm로 나타낸다면 어떨까? 약 384억 4천만cm가 되니까 숫자가 너무 커질 거야.

아까 그 음료수는 1L라고 하든지 1000mL라고 하든지 큰 차이가 없기 때문에 회사에 따라 다르게 적어 놓은 것뿐이지만 말이야."

재훈이는 고개를 끄덕였어요.

"양이나 크기의 차이가 작을 때는 괜찮지만 차이가 클 때는 각각에 맞는 단위를 쓰는 게 훨씬 편리하겠네요. 숟가락으로 목욕통에 물을 가득 채우려면 힘든 것처럼 말이에요."

재훈이는 또 다른 게 궁금해졌어요. 액체의 양을 재는 'L'이나 무게를 재는 'kg'과 같은 단위들은 무엇을 기준으로 정해진 걸까요?

여러 단위들은
무엇을 기준으로 만들었을까요?

옛날 사람들은 물건을 눈앞에 두고도 길이를 정확히 표현할 수 없었어요. 길이의 단위로 1m가 정해지고 나서야 이것을 이용해 넓이나 부피를 정확히 잴 수 있었지요.

한 변의 길이가 1m인 정사각형의 넓이를 $1m^2$(제곱미터)라고 쓰고, 이것을 넓이의 단위로 정했어요.

또, 부피는 가로, 세로, 높이의 길이가 각각 1m인 정육면체의 부피를 $1m^3$(세제곱미터)라고 나타냈지요. '1m'를 기준으로 만든 단위들을 이용해서 넓이나 부피를 나타낼 수 있게 된 거예요.

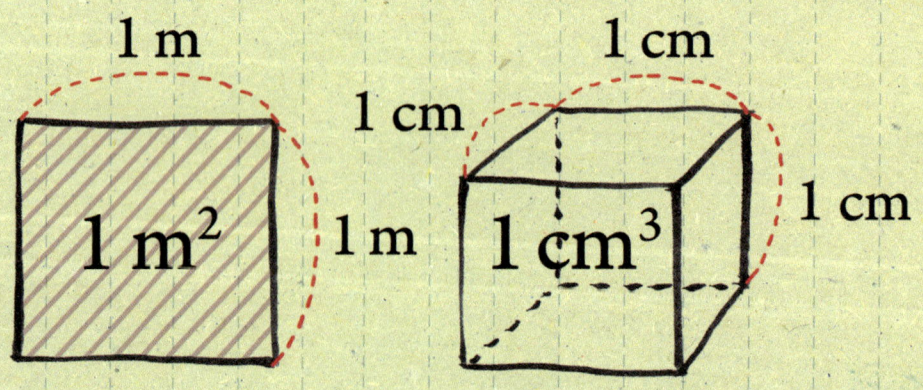

　액체는 모양이 정해져 있지 않기 때문에 길이나 부피를 잴 수가 없어요. 모양이 있는 그릇에 담아 부피를 잴 수밖에 없지요. 하지만 그 그릇의 모양이 각기 다르면 쉽게 부피를 비교할 수가 없어요. 그래서 가로, 세로, 높이의 길이가 10cm인 그릇에 담기는 액체의 양을 1L로 정했어요. 또, 무게도 처음에는 가로, 세로, 높이의 길이가 10cm인 그릇에 담기는 물의 무게를 1kg이라고 정했지요.

　지금은 보다 정확한 기준을 사용하고 있지만 우리가 사용하는 넓이, 부피, 양, 무게 등을 재는 기본 단위들은 모두 미터법을 바탕으로 만들어졌답니다.

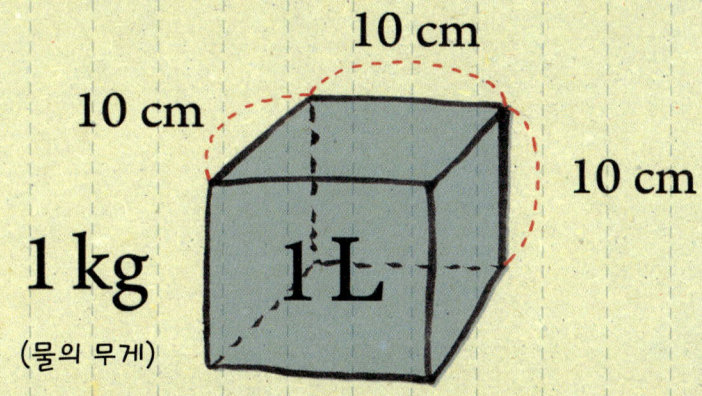

자주 사용하는 단위에는 어떤 것들이 있을까요?

'단위'는 길이, 넓이, 무게, 부피, 시간 등을 나타낼 때에 기준이 될 수 있도록 크기를 정한 것을 말해요. 우리가 사용하는 미터, 그램, 초 등을 단위라고 하지요. 일상생활에서 자주 사용하는 단위에 대해 알아볼까요?

길이의 단위

1km(킬로미터) = 1000m(미터)

1m(미터) = 100cm(센티미터)

1cm(센티미터) = 10mm(밀리미터)

무게의 단위

1t(톤) = 1000kg(킬로그램)

1kg(킬로그램) = 1000g(그램)

1g(그램) = 1000mg(밀리그램)

넓이의 단위

1km^2(제곱킬로미터) = 1000000m^2(제곱미터)

1m^2(제곱미터) = 10000cm^2(제곱센티미터)

1cm^2(제곱센티미터) = 100mm^2(제곱밀리미터)

부피의 단위

1kL(킬로리터) = 1000L(리터)

1L(리터) = 1000mL(밀리리터)

1mL(밀리리터) = 0.01dL(데시리터)

 19 시계를 보는 건 너무 어려워!

"음, 그러니까 작은바늘이 1과 2 사이에 있으니까 1시고, 큰바늘은 3이 있는 곳에 있으니까……. 3분인가?"

민아는 동그란 시계를 들여다보며 고민하고 있었어요. 민아는 전자시계가 아닌 다른 시계를 보는 것이 아직 익숙하지 않아요. 작은바늘은 숫자를 보고 몇 시인지 금방 알 수 있지만, 분을 나타내는 큰바늘을 보는 것은 언제나 헷갈리거든요. 이번에는 꼭 시계 보는 법을 익히고 싶은데 어쩐지 머릿속이 시계 바늘을 따라 빙빙 도는 것 같아요.

"엄마가 도와줄까?"

민아는 시무룩한 얼굴로 고개를 끄덕였어요. 혼자 힘으로 해 보고 싶었지만 잘 되지 않아 속상했거든요.

"시계를 볼 때는 60을 단위로 움직인다는 걸 알아야 해. 큰바늘인 분침은 한 바퀴를 도는 데 60분이 걸린단다. 시계는 12개의 숫자로 12칸으로 나누어져 있어. 60을 12로 나누면 얼마가 되지?"
"5예요."
계산에는 자신 있는 민아가 씩씩하게 대답했어요.
"그래, 그러니까 큰바늘은 숫자를 한 칸씩 갈 때마다 5분씩 늘어나는 거야. 3에 있으면 3×5=15니까 15분이란다."
"들을 때는 알겠는데 막상 시계를 보려고 하면 헷갈려요."
엄마는 웃으며 말했어요.

"걱정할 것 없어. 사실은 엄마도 어렸을 땐 그랬어. 처음엔 일일이 계산하면서 시계를 보려니까 헷갈리지만 자꾸 보다 보면 익숙해져서 계산하지 않아도 된단다. 1초가 모여 60초가 되면 1분, 또 그 1분이 모여 60분이 되면 1시간이 된다는 것만 알고 있으면 돼."

민아는 조금 알 것 같았는지 신이 나서 말했어요.

"아, 알겠어요. 1이 열 개 모이면 10이 되고, 10이 또 열 개 모이면 100이 되는 것처럼요?"

"그래, 민아도 수학 시간에 십진법을 배워서 잘 알겠구나. 열 개를 한 묶음으로 하는 게 십진법이라면, 초와 분은 60개를 한 묶음으로 하는 육십진법이란다."

엄마의 설명을 다 들은 민아는 다시 동그란 벽시계 앞에 서서 시계 보는 연습을 시작했어요. 엄마는 민아의 고개가 아플까 봐 벽시계를 내려 민아에게 주었어요. 한참을 중얼거리며 시계를 보던 민아가 다시 엄마를 불렀어요.

"엄마, 궁금한 게 있어요. 60초가 모이면 1분이 되고, 60분이 모이면 1시간이 되는데, 1시간이 60시간 모이면 어떻게 돼요?"

민아의 간식을 만들던 엄마가 다시 민아 곁으로 왔어요.

"이런, 엄마가 깜빡 잊고 설명을 안 해 줬구나. 시간은 60시간을 단위로 하지 않고 24시간을 단위로 해. 24시간이 모이면 1일이 되는 거

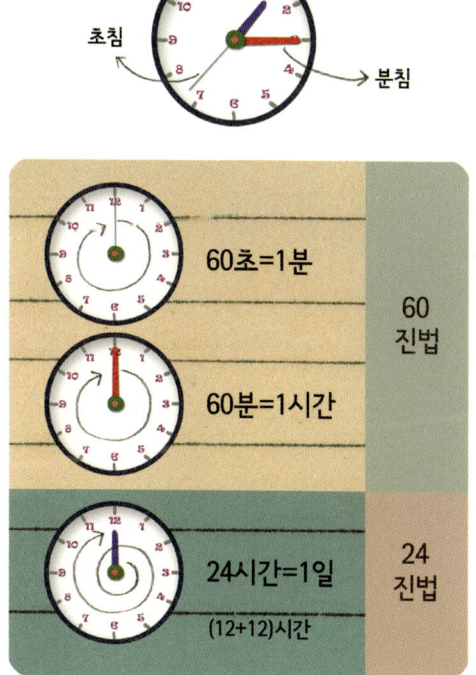

지. 작은 바늘이 시계를 한 바퀴 돌면 12시간이 지나간 거고, 다시 한 바퀴 더 돌면 24시간이 되어 하루가 된단다."

엄마의 말에 민아는 한숨을 푹 쉬었어요.

"알겠어요. 그런데 누가 이렇게 시간을 복잡하게 만들었을까요? 그냥 수학 계산할 때처럼 1분이 모여 10분이 되면 1시간, 1시간이 모여 10시간이 되면 1일이 되게 했으면 훨씬 쉬웠을 것 같아요. 시간을 만든 사람이 일부러 사람들이 쉽게 배우지 못하도록 그런 게 아닐까요?"

엄마는 민아의 엉뚱한 상상력에 그만 웃고 말았어요.

"그런 건 아닐 거야. 잠깐만 기다리렴. 간식이 다 되었으니까 가지고 와서 먹으면서 도대체 어떤 고약한 사람들이 시간을 만들었는지 함께 알아볼까?"

엄마가 간식을 가지러 간 사이에도 시계는 민아의 약을 올리듯 째깍째깍 소리를 내며 돌아가고 있었어요.

왜 시간에는 십진법을 사용하지 않을까요?

옛날 사람들은 하루가 가는 것을 태양이 뜨고 지는 것을 보며 알았기 때문에 시간의 흐름을 원으로 나타냈어요. 원을 그리며 이동하는 태양의 그림자를 이용해 둥근 해시계를 만들기도 했지요.

지금 우리가 시간을 재고 표시하는 방법은 옛날 바빌로니아 사람들이 사용하던 것이 전해진 거예요. 바빌로니아 사람들은 시간을 나타내는 데 십진법 대신 육십진법을 썼어요. 2, 3, 4, 5, 6, 10, 12, 15, 20, 30처럼 여러 수로 나누어떨어지는 육십진법은 둥그런 해시계를 조각조각 나

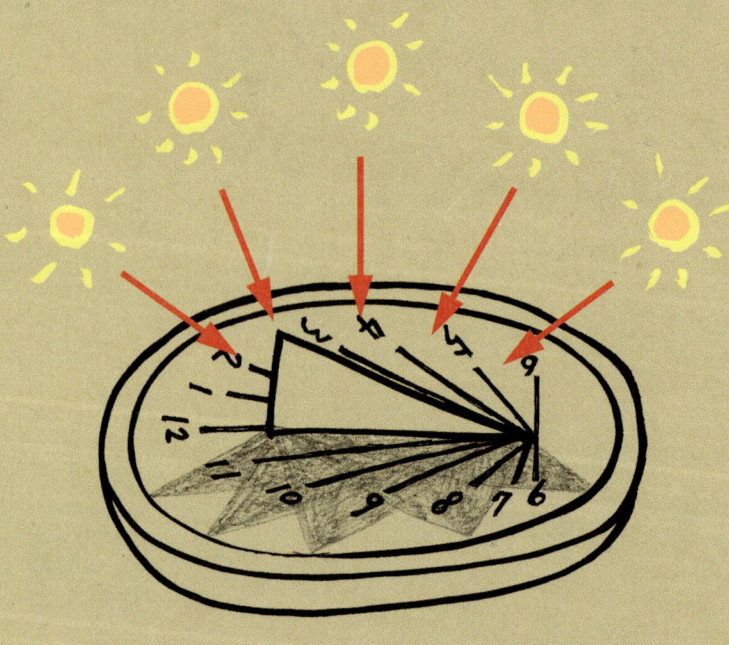

누는 데 알맞기 때문이에요. 바빌로니아 사람들은 360도인 원을 60도씩 나누어 6개로 나누고, 이것을 다시 반씩 쪼개어 12개로 나누었지요. 그래서 해가 떠서 질 때까지 시간을 12로 나누어 나타냈어요.

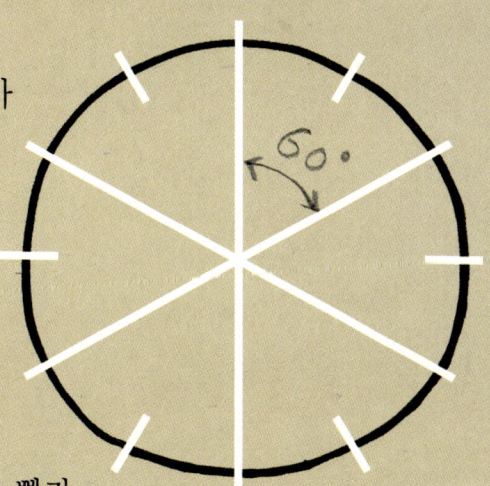

과학 기술의 발전으로 기계의 속도가 빨라짐에 따라 시간을 정확히 재는 게 필요해졌어요. 사람들은 점점 더 시간을 잘게 나누었어요. 그래서 1시간을 60분으로, 1분을 다시 60초로 나누었어요. 올림픽에서 선수들의 기록을 정확하게 재기 위해 1초를 100분의 1 또는 1000분의 1로 나눈 시계도 개발했어요. 아주 작은 차이도 중요하게 여기는 과학 실험에서는 100만 분의 1초, 10억 분의 1초 같은 단위를 쓰기도 한답니다.

시간과 시각은 어떻게 다를까요?

시간의 어느 한 시점을 '시각'이라고 해요. '지금 몇 시예요?'라고 물었을 때에 '오전 10시'라든가 '오후 4시 30분'과 같이 대답하면 그건 시각을 말한 거예요. 그리고 오후 3시부터 오후 5시 30분까지 친구들과 재미있게 놀았다고 했을 때, 노는 데 걸린 2시간 30분은 '시간'이라고 하지요. 시간은 어떤 시각에서 어떤 시각까지의 사이를 나타내요.

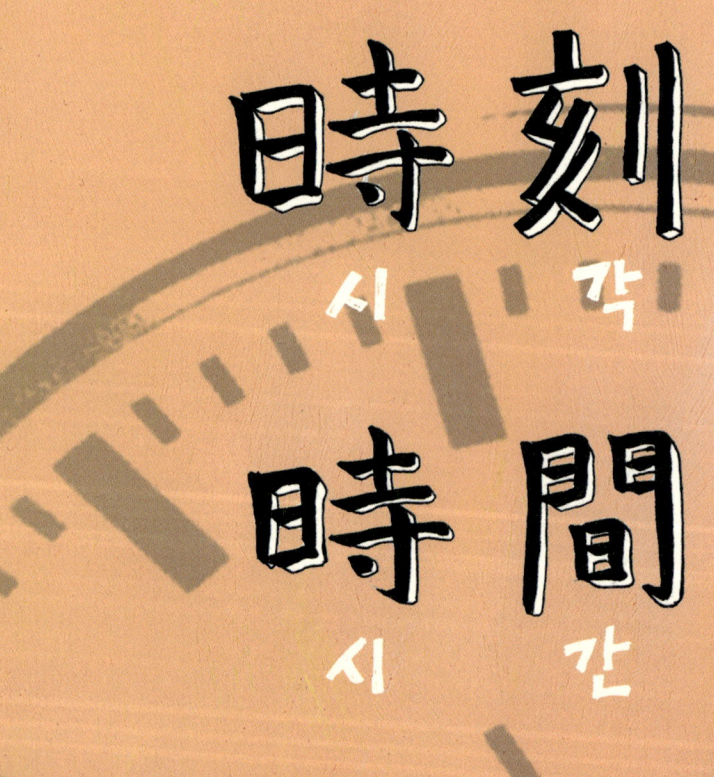

시간을 나타내는 초, 분 등은 미터, 그램 등과 마찬가지로 단위예요. 시간의 단위를 이용해 우리는 시간의 흐름을 잴 수 있어요. 일정한 때를 나타내는 시각은 더하거나 뺄 수 없지만 시간은 더하거나 뺄 수 있어요. 1시간 30분에 1시간 40분을 더하면 2시간 70분이 되지요. 여기서 60분은 1시간이기 때문에 2시간 70분이라고 쓰지 않고, 60분을 시간 단위로 올려서 3시간 10분이라고 써요.

시간은 보통의 단위와 달리 십진법을 사용하지 않기 때문에 시간을 환산하려면 단위를 잘 기억해야 합니다.

◉ **시간의 단위**

1분 = 60초
1시간 = 60분
1일 = 24시간
1주일 = 7일
1년 = 12개월
1세기 = 100년

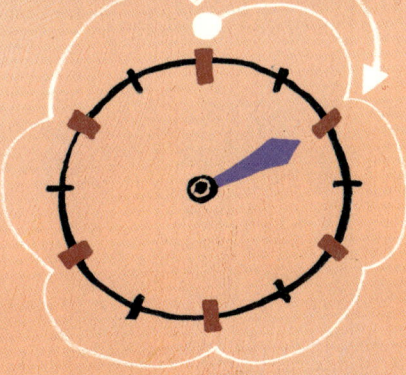

70분 = 1시간 10분

2시간 70분
= 2시간 + 1시간 10분
= 3시간 10분

'쳇, 이게 뭐람. 더 좋은 선물도 많았는데…….'

민우는 서운한 마음에 받은 선물을 침대에 던져 버렸어요. 민우는 재은이네서 열린 크리스마스 파티에 다녀오는 길이에요. 재은이 엄마가 새 학년이 되면 헤어지게 될 새은이의 반 친구들을 위해 열어 주신 파티였지요.

맛있는 음식도 먹고 재미있는 게임을 한 것까진 좋았는데, 선물 교환이 문제였어요. 각자 준비한 선물을 상자에 담고 추첨을 해서 뽑은 선물을 가져가는 것이 파티의 마지막 순서였지요. 민우는 예쁜 목도리를 가져갔어요. 다른 친구들도 곱게 포장한 선물들을 상자에 담았지요. 드디어 선물 추첨 시간이 돌아왔어요. 하나씩 상자를 나누어 갖고 선물을 열어 보는데 민우가 받은 선물은 바로 새해 달력이었어요.

"잘 다녀왔니?"

주말이라 집에 계시던 아빠가 민우를 반겼어요.

"네, 다녀왔습니다."

"그런데 그 달력은 뭐니? 선물 받은 모양이구나."

민우는 시큰둥하게 대답했어요.

"쳇, 휴대 전화 보면 며칠인지 다 나오는데 요즘 누가 달력을 보겠어요? 너무 성의 없는 선물이에요."

"꼭 그런 것 같진 않은걸? 달력을 걸어 놓고 올 한 해도 돌아보고 새해 계획도 세워 보라는 좋은 의미가 아닐까? 게다가 그 달력을 만들기 위해 옛날 사람들이 얼마나 노력을 했는지 알면 달력을 보는 눈이 달라질 거야."

"달력을 만들기 위해 노력을 했다고요?"

그러고 보니 민우는 달력이 만들어진 과정에 대해 아는 것이 없었어요.

"우리가 지금 쓰고 있는 달력의 기초를 만든 사람들은 수천 년 전의 이집트 사람들이란다. 이집트에는 세계에서 가장 긴 강인 나일 강이 흐르고 있어. 나일 강은 가끔씩 크게 흘러넘쳐서 사람들은 집이나 가축을 옮겨야 했지. 대신 홍수가 지나가고 나면 강가에는 영양분과 물기가 많은 흙이 쌓여 농사짓기에 좋았어. 이집트 사람들은 나일 강이 언제 넘치는지를 알면 농사를 짓기도 편하고, 홍수의 피해도 줄일 수 있을 거라고 생각했지.

하지만 달력이 없었던 시절에는 날짜를 알 수 없었기 때문에 나일 강이 언제 넘칠지 짐작할 수가 없었어. 사람들은 오로지 태양이나 달이 뜨고 지는 걸 보면서 시간을 짐작했기 때문에 열심히 하늘을 관찰했어. 그러던 어느 날, 사람들은 시리우스라는 별이 아침 해가 뜨기 직전에 지평선에 나타나면 얼마 후에

나일 강이 넘친다는 것을 알아냈어. 그리고 몇 십 년 동안 관찰한 결과, 해마다 같은 일이 반복된다는 것을 알게 되었지. 이집트 사람들은 이 별이 나타난 후 다시 나타날 때까지의 시간이 약 365일이라는 것도 알게 되었어. 이것이 바로 오늘날 우리가 쓰는 태양력의 시초가 되었단다. 물론 시간이 흐르면서 조금씩 고쳐지긴 했지만, 과학 기술을 이용해 계산한 1년의 길이와 큰 차이가 나지 않는다니 정말 대단한 일이지."

민우도 책에서 이집트 문명에 대한 이야기를 읽은 적이 있어요. 세계의 불가사의인 높은 피라미드를 세웠던 이집트 사람들이 오랜 세월에 걸쳐 날짜를 계산하고 달력을 만들었다는 것이 무척 놀라웠지요. 민우는 신기한 마법책이라도 되는 것처럼 달력을 다시 바라보았어요.

나일 강은 왜 약 365일마다 넘쳤을까요?

이집트 사람들은 별의 주기를 보고 그에 따라 자연 현상이 변한다는 것을 알아냈어요. 사실은 별이 움직인 게 아니라 지구가 태양의 주위를 한 바퀴 돌면서 생겨난 현상이었지요. 이집트 사람들이 알아낸 것은 바로 지구가 태양을 한 바퀴 도는 데 걸리는 시간이었던 거예요. 그래서 이 달력을 태양력이라고 불러요.

나일 강의 범람이나 계절의 변화 등 여러 가지 자연 현상은 태양과 관련이 있어요. 이집트 사람들이 알아낸 약 365일의 주기는 나일 강의 범람뿐 아니라, 많은 자연 현상이 반복되는 주기와 잘 맞았던 거예요. 특히 농사를 주로 짓던 옛날 사람들에게 씨를 뿌리고 곡식을 거둘 시기를 아는 일은 매우 중요했어요. 자연의 변화를 때맞춰 잘 알려 주는 태양력은 사람들에게 많은 도움을 주었어요. 그래서 오늘날까지 태양력이 두루 쓰이고 있는 거예요. 우리나라의 사계절도 365일, 즉 1년을 주기로 반복되지요.

330 340 350 360 **365** 10 20 30

이집트 사람들의 태양력은 로마로 전해졌고, 점점 발달하여 지금의 달력이 되었어요. 달력은 그저 날짜와 요일을 알기 쉽게 적어 놓은 단순한 물건이 아니에요. 달력이 만들어지기까지 오랜 세월 동안 수학과 천문학 등 수많은 지식이 총동원되었답니다.

달력에는 어떤 규칙이 숨겨져 있을까요?

일주일은 7일이죠. 달력은 사람들이 알아보기 쉽게 가로로 7칸을 만들고, 각 요일 아래에 숫자들을 적어 놓았어요. 어느 줄에나 숫자가 7개씩 있기 때문에 재미있는 숫자들의 규칙이 숨어 있지요. 지금부터 그 규칙들을 함께 찾아볼까요?

일	월	화	수	목	금	토
		1	2	3	4	5
6	7	8	9	10	11	12
13	14	15	16	17	18	19
20	21	22	23	24	25	26
27	28	29	30	31		

→로 한 칸씩 움직이면 숫자가 1씩 커져요.
↓로 한 칸씩 움직이면 숫자가 7씩 커져요.
↙로 한 칸씩 움직이면 숫자가 6씩 커져요.
↘로 한 칸씩 움직이면 숫자가 8씩 커져요.

이번에는 가로로 세 개를 선택하고, 그 밑에 있는 두 줄의 숫자까지 모두 아홉 개의 숫자 둘레에 선을 그어 보세요. 그리고 한가운데 있는 숫자를 지나도록 직선을 그어 보세요. 그 선을 지나는 세 개의 숫자를 더하면 그 합은 항상 일정한 수가 나옵니다. 한가운데의 숫자를 지나는 어떤 방향으로 선을 그어도 마찬가지예요. 달력의 어느 날짜를 기준으로 칸을 어떻게 그리는가에 따라 합은 27, 36, 45 등 다른 수가 되지만, 같은 네모 안에서는 항상 일정한 수가 나오지요.

　달력에는 이 외에도 많은 규칙들이 숨어 있어요. 여러분도 달력을 펼쳐 놓고 숨어 있는 수의 규칙들을 찾아보세요.

일	월	화	수	목	금	토
			1	2	3	4	5
6	7	8	9	10	11	12
13	14	15	16	17	18	19
20	21	22	23	24	25	26
27	28	29	30	31		

8 + 16 + 24 = 48　　　9 + 16 + 23 = 48
10 + 16 + 22 = 48　　15 + 16 + 17 = 48

찾아보기

ㄱ
가우스 ······ 62~67
개수 ······ 26
거듭제곱 ······ 82~83, 114
겁 ······ 33
곱셈 ······ 72~77, 90~93, 117
과잉수 ······ 133
구(9) ······ 29
구골 ······ 34
구골 플렉스 ······ 34
구구단 ······ 70~77
그램 ······ 147~149
기하급수 ······ 84~85

ㄴ
나눗셈 ······ 92~93, 98~101, 117

ㄷ
단위 ······ 134~149, 157
달력 ······ 158~165
덧셈 ······ 68~69, 90~93, 116
디오판토스 ······ 114~115

ㄹ
리터 ······ 146~149

ㅁ
무량대수 ······ 33
무한 ······ 36~37
미터 ······ 136~141, 146~149

ㅂ
배수 ······ 120, 122~123
부족수 ······ 133
분수 ······ 104~109
뺄셈 ······ 92~93, 116

ㅅ
사(4) 21
산대 76
삼(3) 21
소수 .... 120~125
수열 67
수학 기호 .... 111~117
순서수 26
시간 .... 150~157
쐐기 문자 .... 16~17

ㅇ
아라비아 숫자 .... 16~21, 28~29
약수 .... 128~133
양수 .... 59~61
에라토스테네스 .... 122~123
영(0) .... 27, 29, 44~45, 75
오(5) 21
완전수 130
육(6) 28
음수 .... 59~61
이(2) 20
일(1) .... 20, 74~75

ㅈ
진법 .... 50~53, 152~154
짝수 .... 42~45

ㅊ
최소 공배수 109
친화수 132
칠(7) 28

ㅌ
태양력 .... 160~163
통분 109

ㅍ
팔(8) 29
피타고라스 .... 126~128

ㅎ
항하사 33
혼합 계산 .... 92~93
홀수 .... 42~45

Q. 사회 공부를 쉽게 하려면?
A. 통합교과 시리즈 참 잘했어요 사회 를 본다!

참 잘했어요 사회 시리즈는 초등 교과 과정에 맞춰 선보이는 통합교과 정보서입니다.
자세하고 정확한 정보를 꼼꼼히 골랐으며, 만화·인터뷰·동화 등을 활용해 다양하게 구성했습니다.
또 책에서 얻은 지식을 완전히 내 것이 되도록 돕는 워크북도 함께 실었습니다.

· 경기도학교도서관사서협의회 선정 '초등 개정교과 연계도서'
· 아이스크림 추천도서   · 학교도서관사서협의회 추천도서
· 한우리 독서토론논술 필독도서

글 강효미 외 | 그림 우연이 외 | 각 권 값 10,000원

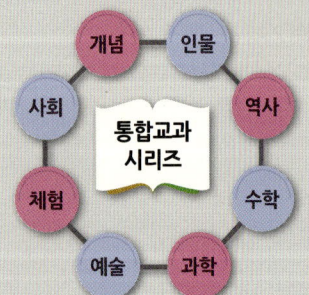

● 이 책의 특징

✓ 하나 하나의 주제를 다양한 교과 영역에 접근하여 정보 전달력 Up!
✓ 둘!   만화·인터뷰·동화 등이 골고루 담겨 있어 지루할 틈 Zero!
✓ 셋!   배운 내용을 다지며 서술형 평가에 대비하는 워크북 Plus!

지학사아르볼